하나님의 사람 세우기

잠언으로 하나님의 사람 세우기

초판 1쇄 발행 ǀ 2011년 5월 15일

지 은 이 ǀ 김동희
펴 낸 이 ǀ 채주희
펴 낸 곳 ǀ 엘맨

등   록 ǀ 제10-1562호(1985.10.29)
주   소 ǀ 서울특별시 마포구 신수동 448-6
전   화 ǀ 02-323-4060, 322-4477
팩   스 ǀ 02-323-6416
메   일 ǀ elman1985@hanmail.net

ⓒ 김동희 2011

마 케 팅 ǀ 김연범(010.3767.5616)
마케팅지원 ǀ 정수복

ISBN 978-89-5515-410-8 03230

정가 12,000원

잠언으로
하나님의 사람 세우기

김동희 지음

엘맨

가정과 사회 그리고 교회가 가져야 할 가장 중요한 일은 사람을 세우는 일입니다. 사람이 바로 세워져야 바로 세워진 그 사람을 통해 '다운 가정'을 이루고, '다운 사회'를 이루며 하나님께서 원하시는 '다운 교회'를 이루어 갈 수 있기 때문입니다.

그래서 예수님께서도 이 세상에 계실 때 사람을 세우는 일에 온 힘을 다하셨습니다. 그 결과 바로 세워진 그 사람들을 통해 예수님께서 원하셨던 일을 성취하셨던 것입니다.

하나님께서 성경을 통해 의도하시는 것도 사실은 '사람 세우기'라고 할 수 있습니다. 하나님께서 사람을 세우기 위해 주신 말씀이 성경의 '잠언'입니다.

'잠언' 이란 우리말 사전에서는 '가르쳐서 훈계하는 말' 이라고 하고 구약 성경의 원문인 히브리어로는 '마샬' 이라고 하는데 이 말은 '지배한다', '명령한다', '강하게 된다' 는 뜻을 가지고 있습니다. 따라서 잠언서를 시작하는 첫 절(잠1:1)에서 이 말씀이 '솔로몬의 잠언' 이라고 밝히는 것은 하나님께서 솔로몬을 통해 '사람을 세우기 위한 지혜의 말씀을 강하게 명령하는 말씀이다' 는 말이기도 합니다.

제한된 공간에 제한된 힘으로 하나님께서 주신 이 지혜의 말씀을 다 담을 수 없습니다. 따라서 본서에서는 잠언서를 보통 사람들이 어렵지 않게 접할 수 있도록 비교적 간결하고 이해하기 쉽게 기술하려 합니다.

이 말씀을 통해 사람을 세우는 지혜를 얻어 하나님 앞에 나를 바르게 세우고, 나아가 자녀와 다른 사람을 바르게 세워서 하나님을 기쁘시게 해드리는 우리가 되기를 소원합니다.

c o n t e n t s

1 장

1. 잠언의 저자와 잠언이 주는 유익(1:1-6)

1) 잠언의 저자(1절)

"다윗의 아들 이스라엘 왕 솔로몬의 잠언이라"

(1) 저자가 솔로몬이라는 말입니다.

그러나 잠언서 전체를 솔로몬이 기록한 것이 아니라 다른 사람(30장의 '아굴', 31장의 '르무엘')도 있습니다. 그럼에도 불구하고 잠언서의 첫 절에서 저자를 소개하면서 '솔로몬의 잠언이라'고 한 것은 대부분의 잠언서를 하나님께서 솔로몬을 통해 기록하게 하셨기 때문입니다.

(2) 솔로몬이 자신을 '다윗의 아들'과 '이스라엘의 왕'이라고 소개합니다.

이것은 ① 잠언이 역사에 근거한 말씀이며, ② 솔로몬 자신이 하나님의 구속사의 진행 과정에서 사역하고 있다는 것을 밝히는 것입니다.

2) 잠언이 주는 유익(2-4절)

"이는 지혜와 훈계를 알게 하며 명철의 말씀을 깨닫게 하며 지혜롭게, 공의롭게, 정의롭게, 정직하게 행할 일에 대하여 훈계를 받게 하며 어리석은 자를 슬기롭게 하며 젊은 자에게 지식과 근신함을 주기 위한 것이니"

(1) 지혜와 훈계를 알게 합니다.

① 지혜 – 사물의 존재와 본질에 대한 이치를 아는 지식
② 훈계 – 바르게 살라고 꾸짖고 권하는 것

(2) 명철의 말씀을 깨닫게 합니다.

① 명철 – 선악에 대한 분별력

사람이 사람답게 살려면 무엇이 선이고 무엇이 악인지를 알아야 합니다. 사람이 나름대로 내리는 판단은 객관적인 선과 악의 기준이 될 수 없습니다. 시대와 문화에 따라 사람들의 생각은 다르기 때문입니다. 그러기 때문에 선과 악에 대해서는 하나님께서 알려주실 때 비로소 알 수 있습니다. 이를 하나님의 계시(啓示)라고 합니다. 기독교는 이 하나님의 계시에 근거합니다. 이 하나님의 계시를 모은 것이 신·구약 성경입니다. 하나님께서는 그 중에서도 잠언의 말씀을 통해 선악에 대한 분별력을 주신다는 것입니다.

(3) '답게' 사는 법을 알게 합니다.

　　① 지혜롭게 – 지식을 활용할 수 있는 판단력과 마음으로 사는 것
　　② 의롭게 – 재판장이 되시는 하나님의 뜻과 명령에 온전히 순종하는 것
　　③ 공평하게 – 하나님과 사람과의 관계에서 바르게 사는 것
　　④ 정직하게 – 바르고 이치에 맞게 사는 것

(4) 어리석은 자라도 슬기로운 사람으로 변하게 합니다.

여기서 '어리석다' 는 말의 원래 뜻은 '마음이 넓게 열렸다' 는 말입니다. '마음이 열려 있다' 는 것은 보통 좋은 뜻입니다. 그러나 '어리석은 사람' 에게 이 말이 사용될 때는 '무엇이 옳고 그른지를 분별하지 못하는 사람이다' 라는 의미입니다.

그런 사람은 악한 사람들의 꾐에 빠지기 쉽습니다. 그러나 그런 사람이라 할지라도 하나님께서 잠언의 말씀을 통해 분별력을 가진 슬기로운 사람으로 변화시켜 주십니다.

(5) 젊은이들에게는 삶의 지식과 근신함을 배우게 합니다.

젊은 사람은 의욕이 왕성하나 삶의 경험이 부족합니다. 따라서 의욕을 가지고 열심히 살지만 시행착오를 겪습니다. 그래서 하나님께서는 잠언의 말씀을 통해 경험이 부족한 젊은이들에게 '삶의 지식' 과 '근신함' 을 배울 수 있게 해 주십니다.

3) 좋은 것을 더해 주십니다(5, 6절).

"지혜 있는 자는 듣고 학식이 더할 것이요 명철한 자는 지략을 얻을 것이

지혜 있는 자가 잠언의 말씀을 듣고 배우면, '학식'이 더해집니다. 그리고 명철한 자가 잠언의 말씀을 듣고 배우면 '지략'이 더해집니다. 여기서 말하는 '지략'이란 '모략'으로도 번역이 가능한 말입니다. 이 말의 본래 의미는 '줄을 당겨 조정한다'는 말입니다. 돛단배를 움직이는 사공은 바람을 이용해서 배를 움직여야 하기 때문에 바람의 방향과 정도에 따라 줄을 당길 때는 당겨 주어야 하고, 줄을 놓아 주어야 할 때에는 당겼던 줄을 풀어주는 조정을 잘해야 합니다. 그것이 '지략'이며 '모략'입니다.

우리의 인생살이도 마찬가지로 인생의 줄을 당길 때는 당겨주고, 놓을 때는 놓아주는 완급 조절이 필요합니다. 이 완급 조절을 못하는 사람은 인생에 실패합니다.

이 인생을 완급 조절하는 능력이 어디서 옵니까? 하나님께서는 잠언의 말씀을 통해서 인생살이의 완급 조절을 할 줄 아는 '지략'을 주시겠다고 하셨습니다. 그러므로 잠언의 말씀은 어리석은 자에게도 유익하고, 지혜로운 사람에게도 유익한 말씀입니다. 또한 잠언의 말씀은 불신자에게도 유익을 주고, 성도들에게도 유익을 주는 말씀입니다. 그러기 때문에 우리는 잠언의 말씀을 읽고 듣기에 최선을 다해야 합니다.

그래서 하나님의 사람으로 바르게 세워져서 하나님께서 주신 사명 감당을 잘함으로 하나님을 기쁘시게 해드릴 수 있기를 바랍니다.

2. 사람이 지켜야 할 두 가지 기본 도리(1:7-9)

1) 영적인 도리(7절)

"여호와를 경외하는 것이 지식의 근본이거늘 미련한 자는 지혜와 훈계를 멸시하느니라"

(1) 여호와를 경외해야 합니다.
① 여호와를 경외하는 것이 모든 지식의 기초이기 때문입니다.
② 세상의 모든 학문과 과학도 하나님을 경외함에서 시작이 되어야 합니다.
③ 이 세상의 모든 것은 하나님에 의해 존재하고 하나님에 의해 다스려지고 있기 때문입니다.

(2) 여호와를 경외한다는 것은?
① 하나님을 두려워함으로 공경하는 것을 말합니다.
② 하나님의 말씀에 순종하는 것을 말합니다.
③ 하나님을 자신보다 더 사랑하는 것을 말합니다.

(3) 하나님을 공경할 줄 모르는 사람은?
① 주인이 누구인지도 모르는 미련한 사람입니다.
② 하나님을 아는 지식을 무시합니다.

사람은 조물주이신 창조자 하나님을 경외해야 하고 그 하나님의 말씀을 지켜 살아야 합니다. 그것이 사람이 지켜야 할 기본 본분입니다.

2) 사람 간에 지켜야 할 기본 도리(8-9절)

"내 아들아 네 아비의 훈계를 들으며 네 어미의 법을 떠나지 말라 이는 사람은 하나님을 경외해야 합니다. 그리고 부모에게 효도를 해야 합니다.

(1) 여기서 말하는 '아비의 훈계'나 '어미의 법'은 하나님을 경외하는 부모가 하나님의 말씀에 기초해서 자녀를 가르치는 신앙인의 가정교육을 의미합니다.

(2) 부모는 자녀에게 하나님의 말씀으로 지도를 해야 하고, 자녀는 부모님의 지도에 순종해야 합니다.

(3) 부모에게 효도하는 것은 자신의 머리에 아름다운 관을 쓰는 것이나 마찬가지입니다. 그리고 자신의 목에 금 사슬을 거는 것과 같습니다.

그러기 때문에 하나님께서는 이사야 33:6에서 "네 시대에 평안함이 있으며 구원과 지혜와 지식이 풍성할 것이니 여호와를 경외함이 네 보배니라"고 하셨고, 에베소서 6:1-3에서는 "자녀들아 주 안에서 너희 부모에게 순종하라 이것이 옳으니라 네 아버지와 어머니를 공경하라 이것은 약속이 있는 첫 계명이니 이로써 네가 잘되고 땅에서 장수하리라"고 하신 것입니다.

이렇게 사람이 하나님을 경외하고 부모에게 효도하는 것이 사람됨의 마땅한 도리이며, 사람답게 살면서 복까지 받아 누리는 비결이기도 합니다.

3. 악한 시대를 사는 지혜(1:10-19)

1) 내 아들아 악한 자가 너를 꾈지라도 따르지 말라(10절)

(1) '내 아들아' 라고 하는 것은 솔로몬이 자기 아들에게만 말하는 것이 아니라 하나님의 자녀 된 모든 사람들을 지칭하는 말입니다.

그러므로 여기서 말하는 '악한 시대를 살아가는 지혜' 는 하나님 아버지께서 하나님을 믿는 모든 사람에게 주시는 교훈입니다.

(2) 우리의 주변에는 '악한 사람들' 이 많다는 것입니다. 그런 악한 사람들이 내 주변에 누구인가를 찾기 전에 내가 혹시 그런 악한 사람이 아닌가를 살펴야 합니다.

(3) 악한 사람은 주변에서 나를 꾀려고 유혹합니다. 성경에는 악인의 꼬임에 빠진 여러 사람들을 소개합니다.

  ① 아담과 하와(창3:6) – 명예에 약한 것을 통해 꼬임

  ② 삼손, 다윗 – 성욕에 약한 것을 통해 꼬임

  ③ 베드로 – 자기를 너무 과신하는 것을 통해 꼬임

  ④ 가룟 유다, 아나니아, 삽비라 – 돈에 약한 것을 통해 꼬임

나에게도 그런 일이 일어날 수 있습니다. 그러기 때문에 악한 자의 꾐에 넘어가지 않도록 주의해야 합니다. 낚시를 할 때 고기가 좋아하는 먹이를 이용합니다. 고기들이 미끼와 먹이를 구분하지 못하는 약점을 이용하는 것입니다. 우리 주변에도 미끼를 가지고 우리를 유혹하는 일들이 많습니다. 먹이와 미끼를 구분하지 못하는 사람은 어리석은 사람입니다. 고위층 지도자들이 뇌물 몇 푼을 받고 공직에서 물러나 감옥으로 가는 안타까운 모습들을 자주 봅니다. 그 사람들이 바로 미끼와 먹이를 구분하지 못하는 사람들

입니다. 나의 약점이 악한 자들의 유혹거리가 되지 않는지 주의해야 합니다.

2) 악한 자들의 제안(11-14절)

(1) 악한 자들의 제안 내용
① 우리와 함께 가자(11)

② 가만히 엎드리자(11)

③ 숨어 기다리자(11)

④ 죄 없는 자를 산 채로 삼키자(11-12)

⑤ 빼앗은 보화로 우리 집에 채우자(13)

⑥ 전대 하나만 두자(14)

얼마나 의리있게 들리는 말입니까? 얼마나 공정하게 들리는 말입니까? 악한 사람들은 이렇게 그럴듯한 말로 사람들을 유혹하는 것입니다. 이런 유혹에 넘어가지 않으려면 하나님께서 잠언을 통해서 주시는 지혜를 얻어야 합니다.

(2) 악한 자들이 하는 제안의 성격은?
① 그대로 따라 행하기만 하면 평소에 원하는 바를 이룰 것 같습니다.

② 악한 방법이지만 그 속에 공평함이 있어 끌리게 합니다.

③ 그 방법이 간교하고 치밀해서 반드시 성공할 것 같이 느껴집니다.

그러나 그런 악한 일은 반드시 실패하게 되어 있습니다. 악한 자의 유혹을 분별할 줄 모르는 사람이 바로 어리석은 사람입니다.

① 악한 자들의 제안은 '꾀는 것' 이요, 유혹입니다.

② 아담과 하와를 유혹했던 마귀(창 3:1-5)가 악한 자들 속에서 역사합니다.

③ 악한 자들의 유혹에 속는 것은 곧 마귀에게 속는 것입니다.

④ 마귀에게 속는 사람은 죄를 짓게 되고, 복을 잃게 되고, 마귀의 종이 되고 맙니다.

3) 악한 자들의 유혹에 대처하는 방법(15-19절)

이것은 시편 1:1에서 강조하는 "복 있는 사람은 악인들의 꾀를 따르지 아니하며 죄인들의 길에 서지 아니하며 오만한 자들의 자리에 앉지 아니하고" 라는 말씀과 같습니다.

'길' 은 비유적으로 생활과 행동의 방법을 가리킵니다. '네 발을 금하여' 라는 말은 '일보도 내딛지 말라', '첫 번부터 유혹을 거절하라' 는 말입니다. 왜 그래야 합니까?

① 악한 사람들과 함께 다니는 사람은 결국 악한 사람으로 변하기 때문입니다.

② 자녀를 둔 부모가 자식에게 '나쁜 친구들과 같이 놀지 말라' 고 하는

이유도 사람은 가까이 다니는 사람의 영향을 받기 때문입니다.

③ 누구와 함께 다니느냐를 보면 그 사람이 누구인지를 알 수 있습니다.

④ 평소 먹(墨)을 가까이하는 사람은 결국 그 먹물이 묻어 검어진다는 뜻인 '근묵자흑(近墨者黑)'이라는 말도 그런 교훈을 담고 있는 말입니다. 이와 같은 의미의 교훈을 주는 말씀들이 있습니다.

- 잠 4:4 사특한 길로 들어가지 말며
- 잠 4:27 발을 악에서 떠나게 하라
- 시 119:101 내가 주의 말씀을 지키려고 발을 금하여 모든 악한 길로 가지 아니하였사오며
- 고후 6:17 너희는 저희 중에서 나와서 따로 있고 부정한 것을 만지지 말라

(3) 악한 자들과 함께 하지 말아야 합니다(16-19절).

악인과 함께 '다닌다'는 말은 악인의 생각이나 행동에 보조를 같이 하는 것을 말합니다. 그러기 때문에 그런 사람들과 자리를 같이 하지 않는다 할지라도 악한 자들의 사상이나 습관을 따르는 사람은 여전히 '악한 자들과 함께 하는 것'과 같은 것입니다. 이런 악한 자들과 함께 해서는 안 되는 이유가 있습니다.

① 그들의 발은 악으로 달려가며 피를 흘리는 데 빠르기 때문입니다. 사람은 부지런해야 합니다. 그러나 사람들은 선을 행하기에는 게으른 반면에 악한 일을 도모하는 일에는 적극적이고 부지런한 못된 근성들이 있습니다. 그것은 사람이 타락한 이후 본성이 악해져 있기 때문이기도 합니다.

② 본문 17절에서 새도 그물을 치는 것을 보면 그곳으로 날아가지 않는

다고 말합니다. 악한 사람들이 망하는 것을 보면서도 그 악한 일을 따르는 것은 새보다 못한 짓이기 때문에 악한 자를 따르면 안 되는 것입니다. 우리는 주변에서 영육간에 성공하는 사람도 보고, 실패하는 사람도 봅니다. 그럴 때마다 나는 어떤 사람이 되고 싶은가를 생각해 보아야 합니다. 그리고 내가 그런 사람이 되기 위해서는 나도 그렇게 살아야 합니다. 악하게 살면 악하게 살다가 망한 자처럼 될 것이고, 요셉처럼 하나님 보시기에 합당하게 살면, 나도 요셉처럼 성공적인 삶을 살게 될 것이기 때문입니다.

③ 악한 자는 결국 자기 꾀에 자기가 넘어지기 때문입니다. 18절과 19절을 보면 악한 자가 '가만히 엎드립니다', '숨어 기다립니다'. 악한 자가 자신의 뜻을 이루려고 애쓰는 모습입니다. 그러나 결국은 자기가 도리어 피를 흘리게 되고, 자신의 생명을 잃게 됩니다.

그러므로 우리는 시편 73:28의 말씀과 같이 "하나님께 가까이 함이 내게 복이라"는 것을 알고, 하나님의 말씀대로 살아야 합니다. 그리고 하나님의 말씀대로 살려고 최선을 다했던, 성경에 나오는 복 있는 사람들의 복된 모습을 본받아 살려고 노력해야 하고, 교회에서도 진실하고 신실하게 말씀에 순종해 살아가는 교우들을 본받아 살려고 노력해야 합니다.

4. 잘못된 신앙의 비극(1:20-33)

예수님을 주님으로 믿는 자들이 받는 축복이 있습니다. 그것은 하나님의 자녀로 살아가는 것입니다. 하나님의 자녀가 된 사람은 예배를 통해 하나님께서 주시는 은혜를 공급받습니다. 기도를 통해 응답을 받습니다. 하나님께서 보내신 천사의 보호를 받습니다. 하나님의 영이신 성령의 지도를 받습니다. 이보다 더 귀한 복은 또 없습니다. 그런데 하나님을 믿는다고 하면서도 그렇지 못한 사람들이 있습니다. 그 예가 본문 26-28절에 나와 있는데 그 내용을 보면 다음과 같습니다.

1) 신앙의 비극

(1) 너희가 재앙을 만날 때 내가 웃을 것이며 너희에게 두려움이 임할 때에 내가 비웃으리라(26)

사람은 스스로 살아갈 수 없습니다. 큰 어려움을 당할 때에는 더욱 그렇습니다. 그래서 평소에는 하나님을 믿지 않던 사람이라도 급하면 하나님을 부르게 됩니다. 그런데 하나님을 믿는 사람이 어려움을 당하여 하나님을 급하게 부르는데도 하나님께서 그 사람을 보기만 하고 비웃기만 하신다면 얼마나 안타까운 일이겠습니까?

왜 이런 일이 일어나는가를 알아야 합니다. 하나님께서 말씀하시는데도 불구하고 하나님의 부르심을 무시하고 살았기 때문입니다. 평안하고 잘 나갈 때 하나님을 무시하면 그 사람이 급한 일을 당해 하나님을 찾아도 하나님께서 방관자적 조소(嘲笑)를 보내신다는 것을 알아야 합니다. 그러므로 평소에 하나님과의 관계를 잘 유지해야 합니다. 그것은 기도와 말씀의 순종입니다.

(2) 재앙으로 인하여 슬퍼하고 근심해서 부르짖어도 내가 대답하지 않으

리라(27-28)

사람이 어려움을 당할 때에 소리를 지르며 누군가의 도움을 청합니다. 그런데 아무리 소리를 질러 불러도 아무도 대답을 하지 않는다면 얼마나 안타까운 일이 되겠습니까?

더욱이 하나님의 사람이 하나님을 향해 소리를 지르는데도 하나님께서 대답을 하지 않으신다면 참으로 불행한 일입니다. 급해서 하나님을 부를 때 하나님의 대답을 들으려면 평소에 하나님의 음성에 아멘으로 반응을 잘해야 합니다. 그래야 사소한 음성으로도 지속적인 대화가 이루어져서 편안하고 즐거운 때에는 사랑의 대화를 통해 위로와 소망을 주시고, 위급할 때에는 지체하지 않으시고 도와주실 것입니다.

(3) 재앙으로 인하여 슬퍼하고 근심해서 나를 찾아도 만나지 못하리라(28)

원리는 위와 같습니다. 평소에 하나님과 자주 만나야 합니다.

평소에는 발걸음도 하지 않던 사람이 갑자기 나타나 도와달라고 하면 사람도 그런 사람을 돕고 싶은 마음이 들지 않습니다. 그러나 평소에 가까이 잘 지내는 사람은 급한 일이 있을 때에 도움을 청하지 않아도 자청해서 돕게 됩니다. 하나님과 우리와의 관계도 마찬가지입니다. 평소에 말씀과 기도 그리고 찬양으로 하나님을 자주 만나는 우리가 되어야 합니다.

2) 신앙의 비극의 실제

이런 상황을 우리의 신앙생활과 연계해서 설명하면 다음과 같습니다.

① 찬양을 해도 하나님께서 영광을 받지 않으십니다.

② 예배를 드려도 하나님께 은혜를 받지 못합니다.

③ 기도를 해도 하나님께 응답이 없습니다.

④ 삶 속에 하나님을 찾아도 하나님을 만날 수 없습니다.

마치 가인의 경우처럼 나름대로 신앙생활을 한다고는 하는데 하나님과의 관계에서 이런 일이 일어난다면 비극적인 일입니다. 그러기 때문에 이런 일이 나에게 일어나지 않게 하려면 그 비극의 원인이 어디에 있는가를 알아야 합니다.

3) 신앙의 비극의 이유

(1) 하나님께서 불러도 듣지 않았기 때문입니다(24).

하나님께서는 사람들을 부르십니다. 본문 20절에서는 '지혜가 길거리에서 부르며'라고 합니다. 여기서 말하는 '지혜'란 하나님과 그리스도를 의미하는 말입니다. 동시에 하나님과 그리스도를 의미하는 여러 지식들을 포함합니다. 하나님께서는 사람들을 구원하시기 위해서 여러 가지 지혜를 동원하여 사람들을 부르십니다(엡 3:10). 그런데도 그 하나님의 부르심을 듣지 않는 것은 하나님의 부르심에 대한 거역입니다.

(2) 하나님께서 참고 기다리시는데도 계속 하나님의 부르심을 거역하기 때문입니다(23).

온전한 사람은 아무도 없습니다. 그러기 때문에 하나님께서는 사람들이 실수를 해도 참으십니다. 기다리십니다. 잘 몰라서 그럴 때에는 하나님께서도 이해를 하시고 타이르십니다. 본문 22-23에서 "너희 어리석은 자들은 어리석음을 좋아하며 거만한 자들은 거만을 기뻐하며 미련한 자들은 지식을 미워하니 어느 때까지 하겠느냐? 나의 책망을 듣고 돌이키라"는 말씀이 그런 하나님의 모습을 잘 보여줍니다.

하나님께서 왜 그렇게 하십니까? 그것은 23절의 말씀과 같이 "보라 내가 나의 영을 너희에게 부어 주며 내 말을 너희에게 보이리라"는 목적 때문입니다. 이것이 어리석은 사람도 타이르시고, 참아주시고, 기다려 주시는 하나님의 사랑입니다. 그런데도 어리석은 사람들은 어떻게 합니까?

24-25절의 말씀과 같이 행동합니다.

"내가 불렀으나 너희가 듣기 싫어하였고 내가 손을 폈으나 돌아보는 자가 없었고, 도리어 나의 모든 교훈을 멸시하며 나의 책망을 받지 아니하였은즉"

이런 행동은 어떤 것입니까? 29-30절에서 하나님께서 진단하시기를 그것은 "너희가 지식을 미워하며 여호와 경외하기를 즐거워하지 아니하며 나의 교훈을 받지 아니하고 나의 모든 책망을 업신여겼음이니라"는 것입니다.

평소에 하나님의 음성에 관심을 두지 않고도 신앙생활을 잘한다고 하는 사람들이 있습니다. 말씀대로의 신앙생활을 하는 것이 아니라 나름대로의 신앙생활을 하는 사람들입니다. 그런 사람들의 영적인 삶은 성공하지 못합니다. 그래서 그런 사람들의 영적인 삶은 공허하고 허전하고 남는 것이 없는 것이 되고 맙니다. 어쩌면 당연한 결과입니다. 그래서 본문 31절에서는 이와 같이 결론을 내립니다.

"그러므로 자기 행위의 열매를 먹으며 자기 꾀에 배부르리라"

이런 것을 두고 '자업자득(自業自得)'이라고 하고, '콩 심은 데서 콩 나고, 팥 심은 데서 팥 난다'고 합니다.

성경말씀의 교훈으로는

① "자기의 육체를 위하여 심는 자는 육체로부터 썩어질 것을 거두고
성령을 위하여 심는 자는 성령으로부터 영생을 거두리라"(갈 6:8)는
말씀과

② "스스로 속이지 말라 하나님은 업신여김을 받지 아니하시나니 사람
이 무엇으로 심든지 그대로 거두리라"(갈 6:7)는 말씀 등이 있습니
다.

4) 신앙의 비극을 피하는 길

어느 누구라도 이렇게 신앙생활을 하면 안 됩니다. 하나님께서도 그렇게 신앙생활을 하는 것을 기뻐하지 않으십니다. 그래서 하나님께서는 그런 사람들이라도 32-33절 말씀을 통해 또다시 권면하십니다.

(1) 어리석고 미련하게 살면 결국 망한다는 것입니다.

이 원리는 과거나 지금이나 마찬가지로 적용이 됩니다. 과거 미련하고 어리석게 살다가 망한 사람들이 성경에 자주 나옵니다. 그 중에 우리는 롯의 사위들을 잘 압니다. 롯은 하나님께서 미리 들려주신 소돔성이 망할 것이라는 말씀을 듣고 사위 될 사람들에게 급하게 말합니다.

"여호와께서 이 성을 멸하실 터이니 너희는 일어나 이곳에서 떠나라"

이 말은 그들이 망하는 중에 살 수 있는 구원의 마지막 메시지였습니다. 그러나 그들은 롯의 절박한 구원의 메시지를 '농담'으로 여겼습니다. 그 결과

그들은 소돔성과 함께 망하고 말았습니다. 하나님의 말씀을 '농담' 정도로 여기는 사람들은 앞으로도 롯의 사위 될 사람들처럼 다 망하고 말 것입니다.

⑵ 오늘날 하나님의 말씀을 들을 수 있는 길이 있습니다.

① 기록된 하나님의 말씀인 성경을 읽을 때 들을 수 있습니다.

② 기록된 하나님의 말씀인 성경 말씀을 풀어 설명하는 설교를 통해서 들을 수 있습니다.

③ 어떤 일이 있을 때 마음속에서 하나님께서 기뻐하실 쪽으로 인도하시는 성령님의 인도하심으로 들을 수 있습니다.

④ 주변 사람들과 사건들을 통해서도 들을 수 있습니다. 어떤 방법으로 임하든 하나님의 말씀은 거역하면 안 됩니다.

⑶ 하나님의 말씀을 들어야 합니다. 본문 33절에서 '나를 듣는 자'라는 말은 하나님의 말씀에 순종하는 것을 말합니다.

하나님의 말씀에 순종하면 어떤 일이 일어납니까?

① 잘하는 사람은 더 잘하게 됩니다.

② 잘못하고 있던 사람은 잘못을 깨닫고 잘하게 됩니다.

③ 닥치는 위험을 피할 수 있게 됩니다.

④ 강한 원수라도 하나님의 도우심으로 이기게 됩니다.

⑤ 누리는 복을 잃지 않게 됩니다.

⑥ 누리는 복에 복이 더해집니다.

이런 것을 종합해서 본문 33절에서는 "오직 내 말을 듣는 자는 평안히 살며 재앙의 두려움이 없이 안전하리라"고 표현하고 있습니다.

예레미야 29:11에서 "여호와의 말씀이니 너희를 향한 나의 생각은 내가 아나니 평안이요 재앙이 아니니라 너희에게 미래와 희망을 주는 것이니라"
고 하심과 같이 하나님께서는 우리들이 복되게 살기를 원하십니다. 그러기
위해서는 우리가 복 받게 신앙생활을 해야 합니다. 복 받게 하는 신앙생활
은 무엇보다 하나님의 말씀대로 순종하는 것입니다. '하나님의 말씀대로' 의
신앙생활은 하나님을 하나님의 말씀 안에서 사랑하는 것입니다. 그렇게 신
앙생활을 함으로 신앙의 비극이 아닌 하나님 안에서 안연히 거하며 하나님
을 기쁘시게 해드리는 우리가 되기를 바랍니다.

"나를 사랑하는 자들이 나의 사랑을 입으며, 나를 간절히 찾는 자가 나를
만날 것이니라"(잠 8:17)

2 장

잠언 1장에서는 사람이 어떻게 살아야 할 것에 대한 기본적인 지혜에 대해서 강조하였습니다. 그리고 2장에서는 그 지혜를 얻는 방법과 그 결과에 대해서 교훈하고 있습니다.

1. 하나님의 뜻과 지혜를 얻는 방법(2:1-8)

1) 우리가 신앙생활을 잘 하려면 하나님이 어떤 분이신가를 알아야 합니다.

하나님은 어떤 분이십니까?
(1) 지혜를 주십니다(6절).

하나님은 스스로 지혜로우실 뿐만 아니라 그 지혜를 주기도 하십니다. 그러므로 지혜를 얻으려면 하나님께 나아가야 합니다.

(2) 지식과 명철을 그 입에서 내십니다(6절).

여기서 '지식'이란 여러 지혜 중에서 내가 확실히 알게 된 것을 말합니다. '명철'이란 사물을 인식하여 논리나 기준에 따라 판단할 수 있는 능력을 말합니다. 차이가 있다면 지식의 기능은 하나님께서 주시는 말씀을 받아들이고 저장하는 것을 말하고, 명철은 지혜를 효과 있게 사용하는 일을 하게 합니다.

하나님께서는 정직한 자를 위하여 완전한 지혜를 예비하십니다(7절). 그리고 행실이 온전한 자에게 방패가 되십니다(7절). 나아가 하나님께서는 공평의 길을 보호하시며 그 성도들의 길을 보전하려 하십니다(8절). 위와 같은 하나님의 뜻을 잘 나타내 주는 말씀이 예레미야 29:11의 말씀입니다.

"여호와의 말씀이니 너희를 향한 나의 생각은 내가 아나니 평안이요 재앙이 아니니라 너희에게 미래와 희망을 주는 것이니라"

2) 지혜를 얻는 방법

(1) 하나님의 말씀을 받아야 합니다(1절).

하나님의 말씀을 들을 때 자기의 기준으로 판단을 하거나 부정적인 생각으로 비판하면 안 됩니다. 사람은 아무리 많이 안다고 해도 한계가 있기 때문입니다. 유한한 인간이 무한한 하나님의 말씀을 판단하려는 것은 무모한 일입니다.

(2) 하나님의 말씀을 듣고자 하는 마음을 가져야 합니다(2절).

하나님의 은혜는 사모하는 마음속에 전달되기 때문입니다. 전능하신 하나님께서는 사람의 마음의 문을 열고 닫을 수 있습니다. 그러나 하나님께서는 사람들을 인격적으로 대하셔서 스스로 자원하는 마음으로 하나님께 나아오기를 기뻐하십니다.

(3) 하나님의 말씀에 대해 적극적인 자세를 가져야 합니다(3절).

   ① 불러 구하고

   ② 소리를 높이며

   ③ 찾아야 합니다.

이런 적극적인 자세로 하나님의 말씀을 사모할 때 성령이 강하게 역사하십니다.

(4) 하나님의 말씀을 들을 기회가 생기면 귀를 기울여 하나님의 말씀을 잘 들어야 합니다(2절).

사람은 소리를 듣는 귀를 가지고 있습니다. 그럼에도 불구하고 하나님께서는 요한계시록을 통하여 '귀 있는 자는 성령이 교회들에게 하시는 말씀을 들을지어다' 라고 말씀하십니다(계 2:11). 그러므로 사람은 하나님의 말씀을 들을 의지를 가질 뿐 아니라 영적인 귀를 열어 하나님의 말씀을 들으려는 노력도 해야 합니다.

(5) 듣거나 읽은 하나님의 말씀은 마음에 잘 간직해야 합니다(1절).

예수님께서 마태복음 13장에서 씨뿌리는 비유로 교훈하시는 중에 '길가와 같은 마음을 가진 사람은 씨가 떨어져도 씨를 감쌀 흙이 없어서 곧 새가

와서 먹어버린다'고 하십니다. 여기서 말하는 '씨'는 하나님의 말씀이고, '길가'는 말씀을 듣는 사람의 마음이고, '새'는 '마귀'를 의미합니다. 이와 같이 하나님의 말씀을 들어도 그 말씀을 마음에 간직하려는 노력이 없으면 마귀에게 들은 말씀을 다 빼앗겨버릴 것입니다. 그러므로 하나님의 말씀을 들었으면 들은 말씀을 마음에 잘 간직하려고 해야 합니다. 그러기 위해 좋은 방법은 듣거나 읽어서 알게 된 하나님의 말씀을 외우거나 자주 묵상하는 것입니다. 이것이 시편 1편에서 말하는 '복 있는 사람'의 모습입니다.

(6) 마음에 간직하고 있는 하나님의 말씀은 순종해야 합니다.

하나님의 말씀은 '하라'는 말씀과 '하지 말라'는 말씀입니다.

① '하라' – '하기 싫어도 하라', '힘들어도 하라', '손해가 될 것 같아도 하라', '재미없어도 하라'

왜냐하면 사람은 하나님의 말씀에 순종해야 바르게 살 수 있고 순종해야 복이 되기 때문입니다.

② '하지 말라' – '하고 싶어도 하지 말라', '가고 싶어도 가지 말라', '재미있어도 하지 말라', '돈벌이가 되는 것 같아도 하지 말라'

왜냐하면 그런 일을 하면 누구나 영적으로나 육신적으로 손해를 보기 때문입니다. 그래서 하나님께서 하지 말라고 하시는 것을 하지 않는 것은 결국 그것이 복이 되는 것입니다.

그러므로 우리는 하나님께서 '하라'고 하시는 말씀은 어떻게 해서든지 하려고 최선을 다해야 하고, 하나님께서 '하지 말라'는 말씀은 절대 하지 않으려고 최선을 다해야 합니다. 이것이 말씀에 순종하는 신앙생활입니다.

위와 같이 하면 누구나 여호와를 알게 되고, 그 여호와를 경외하는 것을 깨닫게 될 것입니다(5절).

2. 지혜를 얻은 자가 누리는 복(2:9-12)

1) 모든 선한 길을 깨닫게 됩니다(9절).

여기서 말하는 '선'이란 사람을 '공의롭게' 하며, '공평하게' 하며, '정직하게' 하는 것을 말합니다. 이런 것은 우리가 하나님의 말씀을 통해서 하나님께 지혜를 얻을 때 따라오게 됩니다. 그래서 하나님의 말씀을 통해 지혜를 얻은 사람은 '공의'를 깨닫게 되고, '공평'을 깨닫게 되며 '정직함'도 깨닫게 되는 것입니다.

2) 지혜가 마음에 들어가게 됩니다(10절).

그릇은 무엇을 담느냐에 따라 그릇의 이름도 달라지고, 그릇의 가치도 달라집니다. 같은 그릇이라도 꿀을 담은 그릇은 꿀단지가 되지만, 쓰레기를 담으면 쓰레기통이 되고 맙니다.

사람의 마음도 마찬가지입니다. 하나님의 말씀을 잘 들으면 마음속에 지혜가 들어갑니다. 마음은 사람의 활동의 중심입니다. 마음은 사람의 그릇입니다. 그 마음 그릇에 지혜가 들어간 사람은 지혜로운 사람이 되는 것입니다. 우리 하나님의 사람들의 마음에 하나님께서 말씀을 통해서 주시는 지혜로 가득하길 소원합니다.

3) 지식이 영혼을 즐겁게 합니다(10절).

영혼은 인격생활의 중심입니다. 영혼이 즐겁다는 것은 하나님의 지식과 함께 평안이 그 사람에게 찾아왔기 때문입니다. 그러므로 영혼이 즐거운 사람이 진정으로 행복한 사람인 것입니다.

   4) 지혜를 얻은 자에게 찾아오는 명철과 근신은 자신을 보호하고 지켜줍니다
    (11절).
   여기서 '근신' 이란 '말이나 행동을 삼가고 조심하는 것' 을 말합니다.
   그런 사람은 자연히 유혹이 많고 시험이 많은 세상에서도 안전한 삶을 살
아갈 수 있는 것입니다. 많은 사람들이 신앙생활에 실패하는 것은 유혹하는
문명 속에서 자신이 근신하는 삶을 살지 않기 때문입니다. 하나님의 말씀을
기준으로 근신하는 삶이 곧 경건한 삶입니다.

   5) 악한 자의 길과 패역을 말하는 자에게서 건짐을 받습니다(12절).
   여기서 '악한 자의 길' 이란 하나님께서 금하신 일을 하거나, 명하신 일을
하지 않는 것을 말합니다. '패역' 이란 사람이 지켜야 할 도리를 벗어나 불순
하게 행동하는 것을 말합니다. 15절에서는 그것을 '구부러진 길' 이라고 합
니다.

   6) 성적인 유혹으로부터 건져줍니다(16절).
   성적인 유혹은 이기기 힘듭니다. 그러나 하나님께서 주시는 지혜는 사람
이 가장 이기기 힘든 성적인 유혹을 이기게 하므로 그런 사람은 승리하는
삶을 살 수 있는 것입니다.

3. 망하는 자들의 모습(2:13-19)

1) 정직한 길을 떠나 어두운 길로 행합니다(13절).

'어두운 길' 이란 진리에서 떠난 삶을 말합니다. 이런 어두움의 길을 가는 사람의 종착역은 영원히 어두운 곳(지옥)에 도달하게 됩니다. 하나님께서는 사람들이 어두움에 살다가 영원히 어두운 곳에 가는 것을 원치 않으십니다. 그래서 예수님께서 이 세상의 참 빛으로 오셨습니다(요 1:9). 누구든지 예수님을 영접한 사람은 어두움에 속해 있다가도 빛 가운데 거하게 됩니다.

누구든지 예수님을 주님으로 믿는 자들은 빛의 자녀가 되기 때문입니다.

2) 행악하기를 기뻐하며 악인의 패역을 즐거워합니다(14절).

사람은 무엇에 즐거움과 기쁨을 느끼며 사느냐에 따라 달라집니다. '행악하기를 기뻐하며 악인의 패역을 즐거워하는 사람' 은 악한 사람입니다. 그러기 때문에 그런 사람은 망하는 것입니다. 망하지 않고 복 받으며 살려면 "여호와로 말미암아 즐거워하며"(시 64:10) 살아야 하고, "이스라엘의 거룩한 이로 말미암아 자랑"(사 41:16)하며 살아야 합니다.

3) 하나님의 언약을 잊어버립니다(17절).

마음에 하나님의 법이 없기 때문에 유혹을 이기지 못합니다(14-15절).

그래서 실수를 범하게 되고 그 실수가 반복되다가 결국은 망하는 것입니다(18-19절). 그러나 하나님께 지혜를 얻고 그 지혜 안에 거하는 하나님의 사람들은 그 지혜로 '선한 길' 로 행하게 되고(20절), '의인의 길' 을 가기 때

문에 망하는 중에도 망하지 않는 것입니다. 그러기 때문에 다음과 같은 말
씀을 기억하고 살아야 합니다.

"네 마음으로 죄인의 형통을 부러워하지 말고 항상 여호와를 경외하라"
(잠 23:17)
"너는 악인의 형통함을 부러워하지 말며 그와 함께 있으려고 하지도 말
지어다"(잠 24:1)

3장

　3장에서는 지혜를 얻는 자가 어떻게 살아야 하며, 그렇게 살 경우 어떤 일이 일어날 것인가에 대해서 교훈해 줍니다.

1. 하나님이 약속한 복 5가지(3:1-10)

　하나님께서는 우리에게 복 주시기를 기뻐하십니다. 본문에서도 하나님께서 5가지 복을 약속하십니다. 그런데 본문에서 특이한 것은 하나님께서 우리들에게 복을 받기 위해서 해야 할 것을 말씀하시고 '그리하면' 이라는 말로 복을 약속해 주신다는 것입니다.

1) 첫 번째 권면과 약속

(1) 첫 번째 권면(1절)
"나의 법을 잊어버리지 말고 네 마음으로 나의 명령을 지키라"
하나님의 말씀은 읽고 들어야 합니다. 읽고 들어서 아는 말씀은 지켜야 합니다. 하나님의 말씀은 우리가 지켜야 할 '법'이자 '명령'이기 때문입니다. 하나님의 말씀을 지키는 것은 마음에서부터 시작합니다.

(2) 첫 번째 약속(2절)
"그리하면 그것이 네가 장수하여 많은 해를 누리게 하며 평강을 더하게 하리라"
하나님의 말씀을 지키면 '장수하는 복'을 주시겠다는 것입니다. 그리고 평강을 더해 주시겠다는 것입니다. 오래 사는 것도 복이지만 평강이 없이 오래 사는 것은 고역입니다. 건강하게 평강을 누리며 사는 것이 복입니다.
그런데 하나님의 말씀대로 살면 이런 복을 주시겠다는 것입니다. 복은 원한다고 아무나 받아 누리는 것이 아니라 하나님께서 받을 만한 사람에게 주시는 선물입니다.

2) 두 번째 권면과 약속

(1) 두 번째 권면(3절)
"인자와 진리가 네게서 떠나지 말게 하고 그것을 네 목에 매며 네 마음판에 새기라"

38

‘인자와 진리가 우리에게서 떠나지 말게 하라’고 하십니다. ‘인자와 진리를 우리의 목에 매며 우리의 마음판에 새기라’고 하십니다. 이 말씀은 성경을 서재 책꽂이 장식용으로 보관한다거나 성경을 매일 교회출입용 가방에 담아두는 일이 없도록 하라는 말씀이기도 합니다. 하나님의 말씀은 생활 속에 늘 가까이하며 살아야 합니다. 하나님의 말씀은 장식이 아니라 우리가 지켜야 할 ‘법’이자 ‘명령’이기 때문입니다.

(2) 두 번째 약속(4절)

“그리하면 네가 하나님과 사람 앞에서 은총과 귀중히 여김을 받으리라”

하나님의 말씀을 생활 속에 늘 가까이하며 지켜 살면 ‘하나님 앞에서 은총과 귀중히 여김을 받게 해 주시겠다’는 것입니다. 뿐만 아니라 ‘사람 앞에서도 은총과 귀중히 여김을 받게 해 주시겠다’는 것입니다. 진정으로 성공하는 사람은 이렇게 하나님과 사람 앞에 은총과 귀중히 여김을 받는 사람입니다. ‘그리하면’이라는 말은 복은 하나님께서 받을 만한 사람에게 주시는 선물이라는 것을 보여줍니다.

3) 세 번째 권면과 약속

(1) 세 번째 권면(5-6절)

“너는 마음을 다하여 여호와를 신뢰하고 네 명철을 의지하지 말라 너는 범사에 그를 인정하라”

우리는 마음을 다하여 하나님을 믿고 순종해야 합니다. 자신의 기분이나 생각대로 하나님을 믿으려 하면 안 됩니다. 그리고 생활 중에 기쁘고 보람된 일이 있을 때에는 그것을 하나님께서 이루어 주셨다고 인정해야 합니다.

(2) 세 번째 약속

"그리하면 네 길을 지도하시리라"

우리의 최고 지도자는 하나님이십니다. 그 하나님은 전지전능하십니다. 그래서 하나님께서 인도하시는 길은 잘못되지 않습니다. 그러므로 누구나 성공적인 삶을 살려면 하나님을 인정하며 살아야 합니다. 그렇게 사는 사람의 인생길을 하나님께서 지도해 주시는 것입니다. 전지전능자 하나님의 지도를 받으며 사는 복된 자들이 되시기 바랍니다.

4) 네 번째 권면과 약속

(1) 네 번째 권면(7절)

"스스로 지혜롭게 여기지 말지어다 여호와를 경외하며 악을 떠날지어다."

스스로 지혜롭다고 여기는 것은 '무지' 입니다. 스스로 지혜롭다고 여기는 것은 '교만' 입니다. 스스로 지혜롭다고 여기는 것은 '악' 입니다. 하나님만이 지혜로우신 분입니다. 그러므로 하나님을 경외하며 사는 것이 지혜입니다.

(2) 네 번째 약속

"이것이 네 몸에 양약이 되어 네 골수를 윤택하게 하리라"

무지와 교만과 악에서 떠나 사는 것이 건강에 유익합니다. 사람의 건강을 해치는 것은 하나님의 말씀을 어기며 살기 때문입니다. 사람들은 무지와 교만과 악에서 오는 질병에 노출되어 있습니다. 이런 병든 사람은 영육 간에 치료를 받아야 합니다. 오직 여호와를 경외하는 것이 영육 간에 건강케 되는 비결입니다.

5) 다섯 번째 권면과 약속

(1) 다섯 번째 권면(9절)
"네 재물과 네 소산물의 처음 익은 열매로 여호와를 공경하라"

열매를 주시는 분은 하나님이십니다. 그러므로 보람된 열매를 거둔 사람은 그 열매로 하나님을 공경해야 합니다.

하나님께서 기뻐하시는 일을 위해 사용해야 합니다. 그런 신앙을 행동으로 실천하는 것이 '처음 익은 열매로 하나님을 공경하는 것' 입니다. 이것은 거둔 모든 열매가 하나님께서 주시는 선물임을 고백하는 것입니다. 그리고 이런 신앙은 오늘날 십일조를 하나님께 바치는 것과 감사하는 것으로 표현됩니다.

(2) 다섯 번째 약속
"그리하면 네 창고가 가득히 차고 네 포도즙 틀에 새 포도즙이 넘치리라"

열매를 거두고 그 열매로 하나님을 기쁘시게 하는 사람에게 하나님께서 복을 주시되 그 사람이 수고하는 일에 더 많은 열매를 주시겠다는 것입니다. 사람이 열심을 내서 수고만 한다고 되는 것이 아닙니다. 사람은 열매를 위해서 하나님 안에서 최선을 다해야 합니다. 그리고 작은 열매라도 거둘 때에는 그것이 하나님께서 주시는 선물인 줄 알고 그것으로 하나님을 기쁘시게 해드리는 일에 사용할 줄 알아야 하나님께서 더 많은 것을 주십니다.

우리는 복을 받아야 합니다. 그리고 이왕이면 많은 복을 받아야 합니다. 그래야 많은 일로 하나님을 기쁘시게 해드릴 수 있기 때문입니다. 복을 받기 위해서는 복 받게 살아야 합니다. 하나님의 약속을 믿고 하나님께서 권면하시는 모습으로 살아서 많은 복을 받아 누리며 하나님을 기쁘시게 해드리는 우리가 되기를 소원합니다.

2. 하나님께 징계를 받을 때의 자세(3:11-12)

1) 여호와의 징계를 경히 여기지 말라 그 꾸지람을 싫어하지 말라(11절)

하나님께서는 자녀 된 사람들을 징계하시기도 하시고 또 꾸짖기도 하십니다. 징계(懲戒)란 허물을 뉘우치도록 주의를 주고 꾸짖는 것입니다. 그래서 징계에는 벌이나 매 그리고 고통이 수반되기도 합니다. 그러기 때문에 누구나 징계를 싫어합니다. 그런데도 하나님께서는 우리에게 징계나 꾸지람을 싫어하지 말라고 하십니다.

2) 징계를 싫어하지 말라고 하시는 이유가 무엇입니까?(12절)

"대저 여호와께서 그 사랑하시는 자를 징계하시기를 마치 아비가 그 기뻐하는 아들을 징계함 같이 하시느니라"

하나님께서는 사랑하시는 자를 징계하시기 때문입니다. 하나님께 징계를 받는다는 것이 곧 하나님께 사랑을 받는 사람이라는 증거가 되기도 하기 때문입니다.

사실 하나님을 믿지 않는 자들은 사랑의 징계의 대상에도 들지 못합니다. 하나님께서 믿는 자들을 징계하시는 것은 부모가 자식을 징계하는 것과 같습니다. 무관심보다 더 무서운 벌은 없습니다. 그러므로 하나님께 징계를 받는다는 것은 하나님의 사랑의 대상이라는 의미이기도 합니다. 그러기 때문에 징계를 받을 때 그 징계를 받는 이유를 잘 알아야 합니다. 그리고 잘못을 회개하고 하나님의 뜻대로 변화된 삶을 살아야 합니다.

3) 징계와 관련된 하나님의 교훈

(1) "어찌 아버지가 징계하지 않는 아들이 있으리요 징계는 다 받는 것이거늘 너희에게 없으면 사생자요 친 아들이 아니니라"(히 12:8)

(2) "그들은 잠시 자기의 뜻대로 우리를 징계하였거니와 오직 하나님은 우리의 유익을 위하여 그의 거룩하심에 참여하게 하시느니라"(히 12:10)

(3) "고난 당하는 것이 내게 유익이라 이로 말미암아 내가 주의 율례들을 배우게 되었나이다"(시 119:71)

(4) "볼지어다 하나님께 징계 받는 자에게는 복이 있나니 그런즉 너는 전능자의 징계를 업신여기지 말지니라 하나님은 아프게 하시다가 싸매시며 상하게 하시다가 그의 손으로 고치시나니 여섯 가지 환난에서 너를 구원하시며 일곱 가지 환난이라도 그 재앙이 네게 미치지 않게 하시며 기근 때에 죽음에서, 전쟁 때에 칼의 위협에서 너를 구원하실

터인즉 네가 혀의 채찍을 피하여 숨을 수가 있고 멸망이 올 때에도 두려워하지 아니할 것이라"(욥 5:17-21)

3. 지혜가 주는 유익(3:13-26)

1) 지혜를 얻은 자와 명철을 얻은 자는 복이 있습니다(13절).

지혜를 얻는 것이 은을 얻는 것보다 낫습니다(14절). 지혜를 얻는 것이 정금을 얻는 것보다 더 이익이 됩니다(14절). 지혜를 얻는 것이 진주보다 귀합니다(15절). 우리가 사모하는 어떤 세상 것보다 낫습니다(15절).

2) 지혜에 따라오는 복들(16-18절)

(1) 장수

지혜 때문에 영혼이 잘 되면, 범사도 잘되고 강건하게 됩니다(요삼 1:2).

(2) 부귀

이 세상에서의 물질적인 풍요만을 말하는 것이 아니라 영적인 부귀를 말합니다.

① "여호와 하나님은 해요 방패이시라 여호와께서 은혜와 영화를 주시며 정직하게 행하는 자에게 좋은 것을 아끼지 아니하실 것임이니이다"(시 84:11)

② "부와 귀가 주께로 말미암고 또 주는 만물의 주재가 되사 손에 권세와 능력이 있사오니 모든 사람을 크게 하심과 강하게 하심이 주의 손

에 있나이다"(대상 29:12)

(3) 즐거움과 평강

지혜를 따라 사는 것은 지름길로 가기 때문에 삶이 즐겁게 되고, 즐겁게 살면서 지름길로 가니 마음에 평강이 넘치는 것입니다. 이것이 참으로 복된 삶입니다.

(4) 생명나무

하나님께서 첫 사람에게 주셨던 것이 생명나무의 열매입니다. 그러나 아담과 하와는 그것을 잃어버렸습니다. 그러나 지혜를 따라 사는 사람은 잃어버린 그 생명나무의 열매를 되찾을 수 있습니다. 이것은 하나님께서 지혜자에게 채워 주시는 영육의 필요충족의 복입니다.

3) 가치 있는 것을 붙잡으라(19-26절)

(1) 지혜는 하나님을 알게 하는 가치가 있습니다(19-20절).

사람이 알아야 할 것들 중에 하나님에 대해서 아는 것보다 더 귀한 것은 없습니다. 그런데 지혜를 통해 하나님의 창조 사역을 알 수 있습니다. 지혜를 통해 하나님의 천지만물을 다스리심을 알 수 있습니다. 그러므로 지혜보다 사람에게 더 귀한 것은 없습니다.

(2) 지혜를 통해 영혼의 생명을 얻게 됩니다(22절).

"그리하면 그것이 네 영혼의 생명이 되며 네 목에 장식이 되리니"

여기서 '네 영혼의 생명이 되며' 라는 말씀은 '영혼에 신적 생명을 불어 넣는다' 는 말입니다. 그리고 '네 목에 장식이 되리니' 라는 말씀은 하나님께서 주시는 지혜를 얻은 사람은 그 지혜 때문에 다른 사람들에게 존경과 애정의 대상이 된다는 것입니다. 전도서에서는 이에 대해서 다음과 같이 말씀합니다. "지혜는 그의 얼굴에 광채가 나게 하나니 그의 얼굴의 사나운 것이 변하느니라"

그러므로 사람이 하나님의 지혜를 얻는 것이야말로 진정으로 사람 대접을 받으며 사는 비결인 것입니다.

(3) 지혜는 삶을 형통하게 합니다(23절).

"네가 네 길을 평안히 행하겠고 네 발이 거치지 아니하겠으며"

이는 시편 91:12에서 말씀하는 바와 같이 지혜를 가진 사람은 천사가 함께 동행하며 그 걸음이 거치지 않도록 돕는 것입니다. 그래서 지혜자의 삶은 형통하게 됩니다.

(4) 지혜는 밤에 편히 잘 수 있도록 평안을 줍니다(24절).

"네가 누울 때에 두려워하지 아니하겠고 네가 누운즉 네 잠이 달리로다"

사람은 낮에는 부지런하게 움직이며 살아야 하고, 밤이 되면 단잠을 자야 합니다. 그런데 죄를 짓는 사람들은 겉으로는 대담한 척해도 잠을 청하는 순간 자기가 저지른 죄와 허물에 대해서 불안해합니다. 그래서 자려고 눕기는 해도 단잠을 자지 못합니다. 그러나 의인은 밤에 단잠을 잘 수 있습니다. 자고 싶을 때 다리를 쭉 펴고 단잠을 잘 수 있는 것도 이 세상에서 누리는 복 중에 큰 복에 해당합니다.

4) 지혜에 대한 우리의 태도(21, 26절)

지혜와 근신을 지켜야 합니다. 지혜와 근신을 눈에서 떠나지 않게 해야 합니다. 어떤 환난도 두려워하지 말아야 합니다. 하나님만 의지하며 지혜를 따라 살아야 합니다. 그러면 하나님께서 우리의 걸음을 지켜 형통한 길로 인도하실 것입니다.

4. 지혜로운 자의 지혜로운 삶(3:27-35)

지혜를 얻은 사람은 지혜롭게 살아야 합니다. 하나님께서 성경을 통해 가르쳐 주시는 지혜로운 삶은 사랑하라는 것입니다. 예수님께서도 사랑에 대해서 묻는 이들에게 사랑이란 "첫째는 네 마음을 다하고 목숨을 다하고 뜻을 다하고 힘을 다하여 주 너의 하나님을 사랑하라 하신 것이요 둘째는 이것이니 네 이웃을 네 자신과 같이 사랑하라 하신 것이라 이보다 더 큰 계명이 없느니라"(막 12:30-31)고 가르쳐 주셨습니다.

본문에서는 이웃 사랑을 어떻게 실천해야 하는가에 대한 지혜로운 삶에 대해서 교훈하고 있습니다.

1) 이웃 사랑을 어떻게 해야 합니까?(27-30절)

(1) 도울 힘이 있거든 도우며 살아야 합니다(27절).
"네 손이 선을 베풀 힘이 있거든 마땅히 받을 자에게 베풀기를 아끼지 말며"

도울 힘이 있을 때 미루지 말고 도와야 하는 이유는 내가 이웃을 돕고 싶어도 도울 수 없는 때가 오기 때문입니다. 내가 이웃을 도우며 산다는 것은 감사할 일이요 복을 받는 길이기 때문입니다.

(2) 아끼지 말고 도와야 합니다(27절).

여기에서 '아낀다'의 원문은 히브리어로 '억제한다'는 뜻이 있습니다. 이웃을 돕고자 하는 마음이 생길 때, 어려운 이웃을 돕고자 하는 마음을 억제해서는 안 된다는 말입니다. 왜냐하면 돕고자 하는 마음은 어느 순간 강하게 생겼다가도 그것을 실행하지 않으면 어물어물 하는 사이에 사라지기 때문입니다. 그렇게 되면 어려운 이웃은 도움을 받을 기회를 잃게 될 것이고, 당사자인 나는 어려운 이웃을 도움으로 얻게 되는 심령의 기쁨과 하나님께서 갚으실 복을 잃게 되기 때문입니다.

(3) 도움이 필요한 이웃이 있거든 미루지 말아야 합니다(28절).

도움이 필요한 사람이 나의 주변에 있는 것은 하나님께서 나에게 도우라고 맡기신 이웃이기 때문입니다. 내가 도우며 살아야 내가 어려울 때에 나를 돕는 이웃이 나타나게 되기 때문입니다. 그리고 내가 무엇인가 누리고 있는 것이 있다면 그것은 어려운 이웃을 도우라고 하나님께서 나에게 잠시 맡기신 것들이기 때문입니다.

(4) 미루지 말고 도와야 합니다(28절).

"네게 있거든 이웃에게 이르기를 갔다가 다시 오라 내일 주겠노라 하지 말며"

돕는 나는 급하지 않아도 도움이 필요한 사람은 시각을 다툴 정도로 급하기 때문입니다. 그리고 위급할 때 돕는 작은 도움이 도움을 받는 사람에게는 큰 힘이 되기 때문입니다.

(5) 이웃을 해하지 말아야 합니다(29절).

"네 이웃이 네 곁에서 평안히 살거든 그를 해하려고 꾀하지 말며"

여기서 '평안히 거한다'는 말은 '너를 신뢰하고 안심하고 산다'는 말입니다. 그리고 '해한다'는 말은 '경작한다'는 말입니다. 농부가 논과 밭을 갈고 엎어 농사를 하듯 이웃의 마음을 파헤치듯 괴롭히면 안 된다는 말입니다. 하나님의 사람들은 '화평케 하는 자,' 피스 메이커(peace maker)들이 되어야지 문제를 일으키는 트러블 메이커(trouble maker)들이 되면 안 됩니다.

(6) 이웃과 까닭 없이 다투지 말아야 합니다(30절).

"사람이 네게 악을 행하지 아니하였거든 까닭 없이 더불어 다투지 말며"

다른 사람이 나에게 악하게 대적을 해도 선한 방법으로 이겨야 합니다(롬 12:20-21). 모든 사람으로 더불어 평화롭게 살아야 합니다(롬 12:18). 억울해도 차라리 손해를 보며 화목하게 살면 그 억울함을 하나님께서 갚아주십니다(고전 6:6-7).

2) 주변에 악한 이웃이 있을 경우 어떻게 해야 합니까?(31-35절)

(1) 포학한 자를 부러워하면 안 됩니다(31절).

"포학한 자를 부러워하지 말며 그의 어떤 행위도 따르지 말라"

'포학하다'는 말은 '몹시 잔인하고 난폭하다'는 말입니다. 그럼에도 불구하고 그런 사람을 부러워하는 것은 그런 사람이 세상적으로 잘되는 것처럼 보이기 때문입니다. 포학하게 사는 사람도 하나님의 사람들이 부러워할 생각이 들 정도로 살 수 있다는 말입니다. 물질사회에서 얼마든지 그런 사람들을 볼 수 있습니다. 그런 사람들이 있을지라도 하나님을 모르고 살면서 자기 정욕대로 사는 불신자들을 부러워해서는 안 됩니다. 그들의 많은 소유가 생명을 건져주지 못하기 때문입니다. 많은 소유가 사람을 참으로 복되게 해주지 못하기 때문입니다. 불의한 삯이 머무는 곳에는 하나님의 심판을 부르기 때문입니다(야고보서 5:4).

(2) 포학한 자를 부러워하거나 행동을 따르면 안 되는 이유가 또 있습니다.

하나님께서 포학한 자와 패역한 자를 미워하시기 때문입니다(32절). 포학과 패역을 행치 않고 정직하게 사는 사람과 하나님께서 함께 하시기 때문입니다(32절). 악인의 집에는 여호와의 저주가 있기 때문입니다(33절). 거만한 자를 하나님께서 비웃으시기 때문입니다(34절). 악인에게는 욕이 따르기 때문입니다(35절). 그러나 악한 자를 부러워하지 않고 하나님 안에서 정직하게 그리고 겸손하게 사는 사람은 하나님께서 기뻐하시고, 복을 주시며, 은혜를 베푸십니다. 그리고 영광을 기업으로 주실 것입니다.

이렇게 본장을 정리해 볼 때 하나님께서는 우리들에게 '인자(loyalty)와 진리(faithfulness)를 저버리지 말고, 지혜를 찾으며, 주님을 의뢰하며 살라' 고 말씀하고 계십니다.

4장

본서 3장에서 7장까지 서두를 보면 '내 아들들아' 라고 시작합니다. 자녀를 향한 부모의 마음이 얼마나 간절한가를 보여줍니다. 자녀 된 자들은 이런 부모의 마음을 헤아려 그 교훈에 순종해 살아야 합니다. 그것이 자식 된 도리이자 하나님께 복 받아 사는 길이기 때문입니다.

1. 자식을 향한 부모의 마음(4:1-3)

1) 성공하기를 바라는 부모의 마음(1-2절)

"아들들아 아비의 훈계를 들으며 명철을 얻기에 주의하라 내가 선한 도리를 너희에게 전하노니 내 법을 떠나지 말라"

부모는 자식을 위해 모든 것을 희생합니다. 자식교육을 위해 부부가 별거까지 하는 부모는 아마도 우리나라 사람들뿐일 것입니다. 그래서 우리 주변에 '기러기 아빠', '기러기 엄마'가 생겨났습니다. 그런가 하면 자식의 과외비 마련을 위해 파출부 노릇을 하는 엄마들도 있습니다.

부모님이 당부하는 말이 자녀들 입장에서는 잔소리 같이 들릴지 모르지만 부모님의 말씀을 들어서 손해 될 일은 없습니다. 부모님의 말씀은 인생을 살아오는 동안 산전수전 다 겪으며 시행착오를 거쳐서 나오는 산 교훈들이기 때문입니다. 그러므로 이런 부모님들의 말씀을 들어 지켜 살면 부모님들이 겪었던 인생의 시행착오를 피해 살 수 있습니다. 그러면 그런 인생살이는 성공하는 것입니다.

2) 본문에서 말하는 부모와 자녀는 누구입니까?

그러므로 본문의 말씀은 어느 경우로나 우리 모두에게 다 해당되는 말씀입니다.

3) 자녀를 향한 부모의 당부가 무엇입니까?

자녀들은 부모님의 훈계를 싫어하면 안 됩니다. 잔소리같이 들려도 새겨 들어야 합니다. 세상에서 나를 가장 사랑하는 분은 하나님이시고, 그 다음 으로는 부모님이기 때문입니다. 내가 잘되기를 가장 원하는 분도 첫째는 하 나님이시고, 그 다음으로는 부모님이기 때문입니다. 여기서 "명철을 얻기에 주의하라"는 의미는 '말씀을 내 것으로 붙잡으라' 는 말씀입니다. 아무리 귀 한 말이라도 흘려듣는 사람에게는 아무 유익이 없습니다. 귀를 기울여 자세 히 듣는 사람에게는 그 말씀이 운명을 바꾸는 영향력을 발휘하기도 합니다.

그런 예를 제 삶에서 조심스럽게 말씀드리도록 하지요.

제가 총신 신대원을 다닐 때의 일입니다. 한 교회에 교육전도사로 부임을 해서 첫 학생예배를 마쳤습니다. 그 때 중·고등학생 대표들이 와서 하는 첫 질문이 "전도사님 언제 가실 겁니까?"였습니다. 그 때 저는 그 질문에 너 무나 황당했고 충격을 받았습니다. 이전에 그 교회에서 학생들을 지도했던 교육 전도사님들이 너무 자주 바뀌면서 학생들이 교역자에 대한 신뢰를 잃 게 되었기 때문이었습니다. 이유야 어쨌든 학생들의 그 말이 제 가슴 속에 못으로 박혔습니다.

전임 사역자들이 그 교회에서 오래 사역하지 못하고 다른 교회로 이동해 간데는 이유가 있었을 것입니다. 그러나 부임을 했다가 정상적인 관계형성 도 되기 전에 쉽게 떠나는 사역자들 때문에 학생들이 받은 상처가 너무 크 게 느껴졌습니다. 그래서 그 순간 '나는 어떤 어려운 일이 있어도 하나님의 결정보다 내가 먼저 학생들을 떠나는 일이 없도록 하겠다, 그러기 위해서는 내가 머물 때보다는 떠났을 때 생각나는 사람이 되어야지, 처음보다는 끝을 멋지게 맺는 사람이 되어야지' 라고 다짐했습니다.

그 후로 저는 그 교회에서 2년을 사역했습니다. 그 교회에 소속했던 교육전도사 중에 제가 가장 오래 시무하게 된 것입니다. 그것도 신학을 졸업하면서 전임사역자로 일해야 했기 때문에 그 교회를 사임하게 되었습니다. 그 뒤로 5년 만에 그 교회에서 저를 담임목사로 청빙하게 되었습니다. 그리고 그 교회에서 10년 사역을 마치고, 선교사의 새로운 길을 갈 때 '신창동교회'에서 저를 파송했습니다. 그 뒤 8년 만에 신창동교회에서 저를 담임으로 청빙했습니다.

부교역자로 사역했던 사람을 담임으로 다시 불러준다는 것은 목회 현장에서 결코 쉬운 일이 아닙니다. 그런데도 불구하고 교육전도사로 사역했던 교회에서 제가 담임목사로 청빙을 받았고, 선교사로 후원을 받던 교회에서 또 다시 담임목사로 청빙을 받았다는 것은 저의 목회 과정 중에서 받은 가장 큰 선물이요, 보람이요, 자랑이라면 자랑거리입니다.

저에게 이런 좋은 일이 있게 된 이유는 지나가는 학생들의 말이라도 단순히 버릇없이 불평하는 소리로 흘려듣지 않고 새겨들었기 때문이라고 생각합니다. 그 새겨들은 말을 지키려고 최선을 다할 때, 마음에 새겨 다짐했던 그 말이 저를 변화시킨 것입니다.

하나님께서 본문 1절을 통해 주시는 교훈은 "아들들아 아비의 훈계를 들을 뿐 아니라 명철을 얻기에 주의하라" 고 말씀하시는 것입니다.

사람의 말도 새겨듣고 참고할 때 유익한 일이 생긴다면 하나님의 말씀은 더더구나 흘려듣지 말고 새겨들어야 합니다.

자식은 부모님의 말씀을 흘려듣지 말고 새겨들어야 합니다. 교인은 목사님의 말씀을 흘려듣지 말고 새겨들어야 합니다.

(2) 부모가 교훈하는 도리를 법으로 알고 지켜야 합니다(2절).

"내가 선한 도리를 너희에게 전하노니 내 법을 떠나지 말라"

부모님의 교훈은 선한 도리이기 때문입니다. '선한 도리'란 개인의 사상에서 비롯된 말이 아니라 하나님을 경외하는 믿음 안에서 대대로 축적되어 전수받은 살아 있는 도리라는 말입니다. 아무리 이론이 좋아도 삶의 경험에서 나오는 말을 따라가지 못합니다. 부모님의 말씀은 지나가는 사람들이 한마디 던지는 말과는 다릅니다. 부모님의 말씀은 같은 또래 친구들이 하는 말과는 질적으로 다릅니다.

그리고 나의 영육의 삶을 위해 기도하는 목사의 말은 어떤 사람의 말과는 다릅니다. 그러므로 하나님의 말씀은 물론 하나님의 말씀과 사랑에 근거한 부모님과 지도자의 말씀은 법으로 알고 지켜야 합니다.

(3) 부모의 심정을 알아야 합니다(3절).

"나도 내 아버지에게 아들이었으며 내 어머니 보기에 유약한 외아들이었노라"

이것은 부모의 심정을 밝히는 말씀입니다. 자식들에게 감동을 주기 위해 자신의 어린 시절에 대한 간증을 하고 있습니다. "나도 한때는 너희들과 똑같은 부모 밑에서 자라는 자식이었다. 나도 자식의 심정을 안다. 그러나 내가 살아보니 부모님의 말씀은 한 마디도 버릴 것이 없더라. 그것을 미리 알고 순종해 살았으면 더 좋았을 텐데, 그 때에는 그것을 모르고 부모님의 말은 무조건 잔소리로만 알고 거역해 살았더니 결국은 내가 손해더라. 그러니 나는 그랬어도 너희들은 그런 인생의 시행착오를 범하지 말라"는 것입니다.

2. 부모에게 받았던 교훈(4:4-9)

1) 부모에게 받았던 교훈 5가지

(1) "내 말을 네 마음에 두라 내 명령을 지키라 그리하면 살리라" (4절)

(2) "지혜를 얻으며 명철을 얻으라 내 입의 말을 잊지 말며 어기지 말라" (5절)

(3) "지혜를 버리지 말라 그가 너를 보호하리라 그를 사랑하라 그가 너를 지키리라"(6절)

여기서 '버리지 말라'는 말씀은 '거절하지 말라'는 뜻입니다. 지혜를 포기하거나 소홀히 하지 말라는 뜻도 포함합니다.

(4) "지혜가 제일이니 지혜를 얻으라 네가 얻은 모든 것을 가지고 명철을 얻을지니라" (7절)

(5) "그를 높이라 그리하면 그가 너를 높이 들리라 만일 그를 품으면 그가 너를 영화롭게 하리라" (8절)

2) 지혜를 얻으라는 이 교훈의 특징이 무엇입니까?

(1) '…… 을 하라. 그러면 …… 하리라'는 조건이 붙은 교훈입니다.

⑵ 복은 거저 받는 것이 아닙니다. 복 받게 살아야 복을 받을 수 있습니다.

3) 지혜를 얻은 사람에게 약속된 복이 무엇입니까?

⑴ 살리라(4절)

지혜의 교훈을 수용하고 준수하는 것이 행복하고 안전한 장수의 삶을 보장한다는 말씀입니다(잠 3:2).

⑵ 너를 보호하리라(6절)

우리가 사는 세상은 사망의 음침한 골짜기와 같습니다(시 23:4). 양과 같이 스스로 살아갈 수 없는 우리는 목자의 인도를 받아야 합니다. 우리의 삶에 목자와 같은 역할을 해주는 것이 하나님의 말씀이라는 것입니다.

⑶ 너를 높이 들리라, 영화롭게 하리라(8절)

하나님의 말씀은 존귀합니다. 존귀한 말씀을 품고 존귀한 말씀대로 살아가는 사람은 사람에게도 존귀함을 받게 됩니다. 그런데 하나님께서도 그렇게 사는 사람을 높여주신다는 말입니다. 그러니 높아지기를 바라는 사람들이 반드시 알아야 할 말씀입니다. 스스로 높아지려다가 교만에 빠지지 말고, 하나님의 말씀에 순종해 살다가 하나님께서 높여주시는 이 복을 우리가 받아야 합니다.

⑷ 면류관을 주리라(9절)

사람은 입의 말대로 거두며 살게 되어 있습니다. 그런데 하나님의 말씀을 믿고 따르는 사람은 결국 승리자가 됩니다. 하나님의 말씀은 언제나 옳고 그래서 권위가 있기 때문입니다.

4) 이와 같은 약속된 복을 받아 누리기 위해 힘써야 할 것이 있습니다.

(1) 당부한 말씀을 마음에 품고 삶 속에 지켜 사는 일입니다(4절).

아무리 귀한 말씀이라도 듣고 돌아서서 잊어버리면 아무 소용이 없습니다. 하나님의 말씀은 듣거나 읽어서 알게 되는 것도 중요하지만 그 말씀을 삶 속에 지켜 살 때 그 가치가 나타나게 되어 있습니다.

(2) 지혜와 명철을 얻기에 힘쓰는 일입니다(5-6절).

지혜와 명철은 하나님의 말씀입니다. 이를 얻도록 힘쓰라는 말은 '구매하여 소유하다' 라는 상업적 의미입니다. 돈을 주고 사듯 다른 것을 희생하면서라도 말씀을 듣기에 힘써야 한다는 말씀입니다.

(3) 지혜를 높이는 일입니다.

지혜를 최상의 것으로 여기고 이를 귀중하게 생각하며 살아야 합니다. 그러면 그런 사람에게 말씀의 효과가 나타납니다.

하나님의 말씀과 믿음을 가진 부모님 그리고 지도자의 말씀을 지켜 살다가 약속된 복을 받아 누리며 사명을 감당하는 우리가 되기를 소원합니다.

3. 지혜롭게 사는 방법(4:10-27)

자식에 대한 부모의 공통된 마음은 자식이 잘되는 것입니다. 우리를 향한 하나님 아버지의 마음도 자녀들이 잘되는 것입니다. 자식 잘되기를 바라는 마음은 육신의 부모님이나 하나님 아버지나 마찬가지입니다. 그런 자식에 대한 아버지의 마음이 담겨진 교훈이 바로 잠언의 말씀입니다.

1) 부모가 자식에게 당부하는 말씀(10절)

"내 아들아 들으라 내 말을 받으라 그리하면 네 생명의 해가 길리라"

(1) '들으라' 그리고 '받으라'

부모님의 말씀은 새겨들어야, 그리고 지켜 살아야 한다는 것입니다. 그렇지 않고 흘려듣고 마음대로 살면 안 된다는 것입니다. 왜 그렇습니까? 부모님의 말씀에 순종하지 않을 때 후회되는 일이 너무 많기 때문입니다. 많은 시행착오를 겪고 나서야 부모님의 마음을 알기 때문입니다.

하나님의 말씀도 마찬가지입니다. 항상 하나님의 말씀을 새겨듣고 지켜 살아야 합니다.

(2) 하나님의 말씀의 특징이 있습니다.

해야 할 일은 '하라', 해서는 안 될 일은 '말라'고 하십니다. 하나님의 말씀은 우리가 생각하기에 가끔은 이해가 되지 않을 때도 있습니다. 그러나 그것이 가장 쉬운 길이고, 가장 빠른 길입니다. 그것이 11절에서 말하는 '정직한 첩경' 입니다.

11절의 '가르쳤으며' 라는 말과 '인도하였으며' 는 문법상 현재완료형입니다. 과거에서부터 지금까지 계속한다는 말입니다. 하나님께서는 지금도 우리를 지혜로운 길로 가르치고 계시며, 지금도 우리를 정직한 첩경의 길로 인도하고 계십니다. 따라서 하나님의 말씀은 이해가 되지 않아도 지켜 살아야 합니다.

(3) 그래서 계시록 1:3절에서도 이렇게 말씀합니다.
"이 예언의 말씀을 읽는 자와 듣는 자와 그 가운데에 기록한 것을 지키는 자는 복이 있나니"

(4) 하나님의 말씀을 새겨듣고 지켜 살면 어떤 복이 있다고 말씀하십니까?
① 10절에서 "내 아들아 들으라 내 말을 받으라 그리하면 네 생명의 해가 길리라"고 하십니다. 하나님의 말씀의 핵심은 '사람이라면 예수님을 주님으로 믿어야 한다'는 것입니다. 그러면 영생복락을 누리게 됩니다. 그리고 그 날, 즉 평안하고 복된 날은 영원할 것입니다. 그리고 그런 복은 금생과 내세에 누리게 될 것입니다.

② 12절에서 "다닐 때에 네 걸음이 곤고하지 아니하겠고 달려갈 때에 실족하지 아니하리라"고 하십니다. 자기의 본성대로 살거나 믿음 없는 문화를 무분별하게 따라 살면 누구나 걸음이 곤란해지며, 달려가도 실족하게 될 것입니다. 그러나 하나님의 말씀에 순종해 살면 다른 사람은 걸음이 곤란해지고 실족한다 할지라도 그렇지 않게 된다는 것입니다.

(5) 하나님의 말씀을 따라 살지 않는 사람들의 결과

16, 17절에서 "그들은 악을 행하지 못하면 자지 못하며 사람을 넘어뜨리지 못하면 잠이 오지 아니하며 불의의 떡을 먹으며 강포의 술을 마심이니라" 고 하십니다.

본성대로 사는 사람들과 세상의 풍속을 좇아 사는 사람들에게 3가지의 특징을 찾을 수 있습니다.

첫째, 악을 행하지 못하면 자지 못합니다.

둘째, 사람을 넘어뜨리지 못하면 잠이 오지 아니합니다.

셋째, 불의의 떡을 먹으며 강포의 술을 마십니다.

이 말은 죄악을 행하는 것이 습관이 되어 버렸다는 말씀입니다. 그러므로 이런 사람들을 따라 사는 사람 역시 그렇게 살게 됩니다. 그러면 그 사람도 악이 망할 때 같이 망하게 되는 것입니다.

2) 부모의 계속된 당부(21절)

"그것을 네 눈에서 떠나게 하지 말며 네 마음 속에 지키라"

이 말씀은 '육신의 부모님의 말씀이 눈에서 떠나지 않게 하라' 는 것이며, 또한 '영적인 부모님의 말씀이 눈에서 떠나지 않게 하라' 는 말입니다.

(1) 보고, 읽고, 지켜 살 때 오는 유익은 무엇입니까?

우리나라 사람들의 사망 원인 중에 자살이 차지하는 비중이 꽤 높습니다. 세계에서 자살률이 1위입니다. 30분에 1명꼴로 자살합니다. 그러나 하나님의 말씀대로 사는 사람들은 이런 위험으로부터 자유롭습니다.

하나님의 말씀에 순종해 살면 그 믿음 때문에 영원한 생명을 얻습니다. 하나님의 말씀대로 살면 독한 것을 입에 대지 않기 때문에 육체의 건강도 따라옵니다. 그리고 하나님의 말씀대로 살면 과욕을 부리지 않고 적법하게 살기 때문에 하는 일도 잘되어 마음에도 평강이 찾아옵니다. 그래서 하나님의 말씀에 순종해 살면 영육이 복을 받게 되는 것입니다.

3) 부모의 계속된 당부(23절)

(1) '마음을 지켜야' 하는 이유가 무엇입니까?

말은 마음에 품은 생각을 표현하는 것이기 때문에 입 조심보다 마음에 악한 것을 품지 않도록 해야 합니다. 행동도 마음에 품은 생각을 표현하는 것이기 때문에 행동을 조심하기 전에 마음에 좋은 생각을 품도록 해야 합니다. 그래서 성(城)을 지키기는 쉬워도 자신의 마음을 지키기는 쉽지 않습니다. 그러므로 어떻게 해야 합니까? 빌 4:6-7에서 이렇게 말씀하십니다.

"아무 것도 염려하지 말고 다만 모든 일에 기도와 간구로, 너희 구할 것을 감사함으로 하나님께 아뢰라 그리하면 모든 지각에 뛰어난 하나님의 평강이 그리스도 예수 안에서 너희 마음과 생각을 지키시리라"

나의 마음을 스스로 지키기 어려우므로 하나님께 기도하며 살아야 한다는 말씀입니다.

4) 부모의 계속된 당부(23절)

"무릇 지킬 만한 것중에 더욱 네 마음을 지키라 생명의 근원이 이에서 남

62

'마음' 이 사람의 인격적 활동의 중심지이며 지정의의 근거이기 때문입니다. 그러한 마음을 지키는 것이 삶을 영위하는 데 있어 최우선적인 과제라는 것입니다.

5) 마음을 지키기 위해 우리가 힘써야 할 일들이 무엇입니까?

⑴ "구부러진 말을 네 입에서 버리며 비뚤어진 말을 네 입술에서 멀리 하라" (24절)

'말이 씨가 된다' 는 속담이 있습니다. 사람은 말대로 행동하게 되고 말대로 열매를 거둔다는 말입니다. 그러므로 말을 잘해야 합니다. 늘 긍정적인 말을 하기 위해 최선을 다해야 합니다. 그러면 마음자세도 그 말대로 긍정적인 자세로 바뀝니다. 말이 긍정적으로 바뀌면 행동도 긍정적인 행동을 합니다. 그러므로 마음과 행동을 변화하려면 하고 싶은 행동을 자신의 말로 다짐해야 합니다.

- 나는 오늘부터 담배를 끊겠다.
- 나는 새벽기도를 시작하겠다.
- 나는 긍정적인 사람이다. 나는 아멘의 사람이다.
- 나는 교회에서 겸손하게 봉사하겠다.
- 나는 말씀에 순종하는 사람이다.

그리고 이러한 다짐도 다른 사람들 앞에서 공개적으로 하는 것이 좋습니다.

- 나는 이제부터 부정적인 말을 하지 않겠다.
- 나는 의심하는 말을 하지 않겠다.
- 나는 더 이상 교만한 말을 하지 않겠다.
- 나는 남을 무시하는 말을 하지 않겠다.
- 나는 남을 곤란하게 하는 말을 하지 않겠다.
- 나는 믿음 없는 말을 하지 않겠다.
- 나는 남이 들어서 상처가 되는 말을 하지 않겠다.

이런 다짐의 말을 공개적으로 하면 자연히 그 말이 자신을 억제하고 또 움직여가게 됩니다. 그래서 긍정적인 사람, 겸손의 사람, 진실한 사람, 순종의 사람으로의 변화가 일어나는 것입니다.

(2) "네 눈은 바로 보며 네 눈꺼풀은 네 앞을 곧게 살피라" (25절)

① 보는 것을 조심하라는 말씀입니다. 사람은 보는 대로 본받는 습성이 있습니다. 따라서 좋은 일을 자주 보면 좋은 일을 하는 사람이 됩니다. 반대로 악한 일을 자주 보면, 나쁜 일인 줄 알면서도 쉽게 따라 하게 됩니다. 그러므로 좋은 것을 보려고 하고 나쁜 것을 보지 않으려고 해야 합니다.

② 청소년들은 분별력이 떨어지는 시기입니다. 대단히 혼란스런 시기입니다. 나쁜 책을 보면 나쁜 영향을 받습니다. 나쁜 그림을 보면 나쁜 영향을 받습니다. 만화책, 인터넷 사이트 등 아이들에게 좋지 않은 것을 보여 주는 것들이 많이 있습니다. 그러므로 청소년들에게 그런 것들을 읽는 것과 보는 것을 조심해야 한다는 것을 가르쳐 주어야 합니다. 이런 지혜를 청소년들에게 가르치는 것이 어른들의 사명입니다.

(3) "좌로나 우로나 치우치지 말고 네 발을 악에서 떠나게 하라" (27절)

치우치지 않는 삶을 살아야 합니다. 치우치는 것이 죄이고 악입니다. 치우
친다는 것은 기준에서 벗어나는 것입니다. 여기서 말하는 기준은 성경말씀
입니다. 내 생각대로의 삶이 아니라 말씀대로의 삶입니다. 유행 따라 사는
사람이 아니라 말씀대로의 삶입니다.

4. 건강하게 사는 비결(4:20-27)

오래된 일입니다만 어느 날 약이 필요해서 동네 한 약국에 들른 일이 있습
니다. 약국 한쪽 벽에 액자가 하나 걸려 있었는데 거기에 이런 글이 적혀 있
었습니다.

"돈을 잃는 것은 인생의 일부를 잃는 것이고,
명예를 잃는 것은 인생의 절반을 잃는 것이고,
건강을 잃는 것은 인생의 전부를 잃는 것이다."

여러분들도 어디선가 읽거나 들은 기억이 나는 내용이지요? 저는 이 글을
읽으면서 참 일리가 있는 말이라고 생각했습니다. 왜냐하면 제가 목사로서
사업을 하다가 많은 것을 잃은 사람들도 만나보고, 갑자기 퇴직을 당한 사
람들도 만나보고, 어느 날 갑자기 건강을 잃은 사람들도 만나 보지만 그 중
에서 가장 견디기 어려워하는 사람은 갑자기 건강을 잃은 사람이라는 것을
너무나 자주 경험하기 때문입니다.

잃은 돈은 힘들어도 다시 벌 수 있고 잃은 명예는 노력하면 다시 얻을 수

있습니다. 그러나 건강은 그렇지 않아서 나이가 들수록 한번 잃어버리면 되찾기 어려운 것이 건강입니다. 내가 건강할 때 자식도 효도할 수 있습니다. 내가 건강하지 못해서 잔병치레 오래하고, 병들어 오래 누워 있으면 가족에게도 짐이 됩니다. 부부라고 해도 건강해서 서로 힘이 되어줄 때 행복한 것이지 한편이 병들어 배우자 노릇 못하면서 오래 살면 그것도 짐이 되는 것입니다.

그러니 우리는 병들면 안 됩니다. 절대 안 됩니다. 누가 병에 걸리고 싶어서 병들어 고생하는 사람이 어디 있겠습니까마는 여러분, 어떻게 해서든 건강하게 사시길 소원합니다.

그렇다면 사람이 건강하게 살려면 어떻게 해야 합니까?

건강하게 살려면 무엇보다도 내가 어떤 사람인가를 알아야 합니다. 사람들은 흔히 몸만 이상이 없으면 건강한 줄 아는데 그렇지 않습니다. 제가 아는 어떤 사람은 아픈 데가 없는데도 마음이 편치 못해 늘 고생합니다. 먹고 살기가 그렇게 힘든 것도 아니고, 몸에 이상이 있는 것도 아닌데 늘 외로움을 타면서 만족을 모르고, 기쁨이 없이 불안하게 살아갑니다.

왜 그렇습니까? 사람이란 몸 편하고 배만 부르다고 행복한 존재가 아니기 때문입니다. 사람이란 몸도 있고 영혼도 있습니다. 이것이 사람과 짐승이 다른 점입니다. 그러기 때문에 사람이란 건강하려면 몸의 기능도 정상이어야 하지만 영혼의 기능도 정상이어야 하는 것입니다.

그러므로 이제부터 여러분께서 건강하게 사시되 육신기능도 정상이어서 몸도 건강하고, 영적인 기능도 정상이어서 영혼도 건강하시길 바랍니다.

그러려면 어떻게 해야 합니까? 사람이 건강하게 살려면 의사를 잘 만나야 하는데 여기 인간의 육신과 영혼의 건강을 책임질 만한 아주 용한 의사 한

분이 계십니다. 그 분이 누구신지 궁금하시지요?

그 분은 사람의 육신을 지으신 분이십니다. 그 분은 사람의 영혼을 만드신 분이십니다. 그 분은 우리가 믿는 하나님이십니다.

하나님은 사람을 만드신 분이기 때문에 무슨 병이든지 다 고치실 수 있는 분이십니다. 그 하나님께서 여러분들이 병으로 고생하지 않고 어떻게 하면 영육 간에 건강하게 살 수 있는지 갖가지 처방을 다 내려주셨습니다. 그 처방전을 모아 놓은 것이 바로 이 성경입니다. 따라서 성경은 건강하게 살라고 써주신 처방전입니다. 다시 말하면 성경은 하나님께서 사람들에게 건강하게 살라고 주신 약인데 하나가 구약이라는 약이요, 다른 하나가 신약이라는 약입니다. 그러므로 누구나 이 구약과 신약 '두 약' 을 하나님께서 나에게 건강하게 살라고 주신 명약이라 생각하고, 이 성경 말씀대로 살기만 하면 첫째, 영혼이 건강해지고 둘째, 육신도 건강하게 살 수 있는 것입니다.

그러면 사람을 영육 간에 건강하게 살도록 하나님께서 주신 처방전의 내용이 구체적으로 무엇인지 궁금하시지요?

그 내용을 한 시간에 다 말씀드릴 수는 없고 구약 중 잠언서라고 하는 말씀 4:20절에서 27절에 나와 있는 3가지 건강비결을 말씀드리겠습니다.

1) 첫 번째 처방이 20-21절 말씀입니다.
"내 아들아 내 말에 주의하며 나의 이르는 것에 네 귀를 기울이라"
"그것을 네 눈에서 떠나게 말며 네 마음속에 지키라"
는 말씀입니다.

(1) 듣는 것을 조심하라

건강하려면 듣는 것을 조심하며 살라는 말씀입니다. 따라서 건강하려면 듣는 것을 잘 들어야 합니다. 누구나 불평하는 소리를 자꾸 듣다 보면 자기도 모르게 불평하는 사람이 됩니다. 원망하는 소리를 자꾸 듣다 보면 자기도 원망하는 사람이 됩니다. 그리고 부정적인 말을 자꾸 듣다 보면 자기도 모르는 사이에 부정적인 인격자가 되어 버립니다. 그래서 매사에 불만을 가지고 불평하며 부정적인 생각을 품고 살면 그 사람의 영혼이 잘될 리 없고 그 사람의 육신도 건강할 수 없습니다. 그래서 하나님께서 말씀하시기를 건강하게 살고 싶으면 그런 불평불만 가득한 사람들의 말에 귀 기울이지 말고 하나님 아버지의 말씀에 귀를 기울이고 살라고 하시는 것입니다.

(2) 들을 것을 들으라

하나님께서 여러분의 건강을 위해 귀 기울여 들으라고 하시는 하나님의 말씀이 무엇입니까? 성경입니다. 그리고 이 성경을 풀어 설명하는 것이 설교입니다. 이 설교를 우리 교회에서는 주일 오전 9시와 11시 그리고 오후 3시에 들을 수 있습니다. 수요일 7시에도 들을 수 있고 금요일 9시에도 들을 수 있습니다. 그리고 매일 새벽 5시에도 설교를 들을 수 있습니다. 그러니 1주일에 12번 설교를 들을 수 있는 셈입니다.

교회에서 왜 이렇게 설교를 자주 하는 것입니까?

그 이유가 있습니다. 22절 말씀을 보시기 바랍니다.

"그것이 생명이 되고 육체의 건강이 됨이니라"

설교를 자주 들을수록 영육에 양약이 되어 듣는 사람의 영혼이 건강해지고, 육체가 건강해지기 때문입니다. 어떤 분은 신앙생활을 해도 1주일에 1번 설교를 듣는 분들이 있습니다. 어떤 분은 1주일에 2번 들으시는 분도 있고, 어떤 분은 한 번이라도 설교 말씀을 더 들으려고 열심히 참석해서 한 주에

10번 이상 설교를 들으시는 분들도 있습니다. 하나님의 말씀을 들어 설명해 주는 설교가 사람의 영과 육을 건강하게 해주는 보약이기 때문입니다.

하나님 아버지의 말씀을 한 번이라도 더 듣는 이것이 만병을 다스리시는 하나님께서 내리신 건강비법임을 믿으시고 열심히 말씀을 들으시다가 영육 간에 건강하시길 축원합니다.

⑶ 읽고 들은 말씀을 지켜 살라

하나님의 말씀을 들었으면 들은 말씀대로 지켜 살아야 합니다. 아무리 유명한 의사가 정확한 처방을 내려 주어도 환자가 의사의 처방대로 지키지 않으면 아무 소용이 없듯이 아무리 만병의 의사이신 하나님께 건강비법의 처방을 들었어도 지켜 살지 않으면 역시 아무 소용이 없기 때문입니다. 지금까지는 여러분이 어떻게 살았든지 상관없습니다. 지난 과거는 중요하지 않습니다.

그러나 이제는 여러분이 육신 속에 영혼이 있는 것도 아셨고, 여러분이 영육 간에 건강하려면 하나님의 말씀을 듣고, 말씀대로 살아야 한다는 것을 아셨으니 이제 눈으로는 하나님의 말씀을 읽고, 귀로는 하나님의 말씀을 한 번이라도 더 들으려 하고, 몸으로는 보고 들은 말씀대로 살려고 최선을 다해야 합니다. 그래서 하나님의 약속대로 여러분께서 생명을 얻을 뿐 아니라 살아난 영혼이 잘되고, 육신도 건강하게 되는 복을 받아 누리며 사시길 주님의 이름으로 축원합니다.

2) 다음으로 사람이 영육 간에 건강하게 살려면 어떻게 해야 합니까? 두 번째 처방이 24절 말씀입니다.

“구부러진 말을 네 입에서 버리며 비뚤어진 말을 네 입술에서 멀리하라”

(1) 버릴 것을 버리라

이 말이 무슨 말입니까?

① ‘구부러진 말’ 이란 교묘하고 간사한 말로 남을 속이는 것을 말하고

② ‘비뚤어진 말’ 이란 남을 해치기 위해 거짓말하는 것을 말합니다. 하나님께서 구부러지고 비뚤어진 말을 멀리하고 버리라고 하시는 의미는 거짓말하고 속이며 살면 안 된다는 것입니다.

그런데 주변에 보면 세상을 그렇게 사는 사람이 있습니다. 그런 사람을 우리는 ‘꾼’ 이라고 부릅니다. 사기꾼이라고 합니다. 이런 사기꾼들은 사람들에게 거짓말하고 속여 쉽게 돈을 챙기기 때문에 남 고생할 때 몸으로 고생하지 않고 사니 행복할 것 같은데 사기꾼이 잘되는 것을 보았습니까? 사기꾼의 자손이 잘 되는 것을 보았습니까? 그런 사람은 이 사회에서도 환영받지 못합니다. 살아계신 하나님께서 어찌 이런 진실하지 못한 사람에게 복을 주시겠습니까? 사람은 진실하게 살아야 합니다. 땀 흘리지 않고 돈을 쉽게 많이 손에 쥐는 것을 목적으로 세상을 살면 안 됩니다.

입에서 나오는 말이 진실하고, 이마에 땀을 흘리며 부지런하게 성실하게 살아가는 사람을 하나님께서 기뻐하십니다. 그래서 그런 사람은 거두는 열매가 적을지라도 헛되게 쓰이지 않도록 하나님께서 환경을 지켜주셔서 쓰고도 남도록 복을 주시는 것입니다. 세상살이가 힘들수록, 어려울수록 진실하게 성실하게 사시길 바랍니다. 그러다가 영육이 건강하고, 여러분과 자손이 잘되고 복을 받으시길 주님의 이름으로 축원합니다.

3) 다음으로 사람이 영육 간에 건강하게 살려면 어떻게 해야 합니까? 세 번째 처방이 27절 말씀입니다.

그리고 25절에서는 "네 눈은 바로 보며 네 눈꺼풀은 네 앞을 곧게 살펴"라고 하셨습니다.

(1) 치우치지 않게 살라

여기에서 "좌로나 우로나 치우치지 말라"는 말씀은 중심을 바로 잡고 살라는 말씀이고 네 눈을 바로 보라는 것은 목표를 향해 당당히 나아가라는 말씀입니다.

사람이 세상을 살면서 중심을 바로잡고 목표를 향해 전진하는 삶을 산다는 것은 무엇보다 중요합니다.

여러분, 자전거를 처음 배우시던 기억이 나지요? 그 때 중심 잡기가 얼마나 어려웠습니까? 그래서 처음에는 뒤에서 잡아주던 손을 떼면 핸들을 좌우로 흔들며 조금 가다 넘어지고, 일어서서 다시 타 보지만 또 조금 가다 넘어지는 일을 거듭했을 것입니다. 그러나 어느 순간 중심을 잡게 되면 어떻습니까? 그렇게 타기 쉬운 것이 자전거입니다. 중심만 잡고 앞만 볼 줄 알면 자전거는 천천히 가는 것보다 빨리 달리는 것이 쉽습니다. 즐겁습니다.

인생살이도 마찬가지입니다. 인생의 중심만 잡고 인생의 목표를 바로 보기만 하면 인생살이는 살수록 즐겁고 신바람 나게 됩니다. 그런데 사람이 잡아야 할 중심을 잡지 못하고 인생의 목표를 정하지 못하고 세상을 살면 세상살이가 힘듭니다. 방황하고 헤맵니다. 누군가 붙잡아 주어야만 합니다. 붙잡아 주지 않으면 사업을 하다가도 넘어집니다. 직장생활 하다가도 넘어집니다. 가정을 이루어 살다가도 부부 사이가 넘어집니다. 공부하다가도 넘어집니다. 그래서 낙심을 하고, 가정이 무너지고, 인생살이에 실패 합니다.

그러나 우리의 아버지 하나님께서는 여러분이 이렇게 사는 것을 원치 않으십니다. 중심을 잡고 자전거를 즐기며 달리듯 여러분이 인생을 건강하고 복되게 살기를 원하십니다.

우리는 보통 역사를 이야기할 때, "기원전" 즉 BC라는 표기와 "기원후" 즉 AD라는 표기를 합니다.

① AD란 'Anno Domini' 라는 말로서 예수님께서 탄생하신 이후라는 말입니다. ② BC란 'Before Christ' 라는 말로 예수 탄생 이전이라는 말입니다. 이런 것은 아주 상식적인 말입니다만 여기서 아주 중요한 사실은 예수님의 탄생을 역사의 기원으로 해서 예수님의 탄생 이전을 기원전이라고 하고 예수님의 탄생 이후를 기원후라고 하는 것입니다. 이 말은 이 세상 역사의 중심이 예수님이라는 것입니다. 이 세상 역사의 중심이 예수님이라면 이 세상 역사 속에 살고 있는 사람의 중심 또한 예수님이신 것입니다.

하나님께서 27절 말씀에서 영육 간에 건강하려면 '좌우로 치우치지 말고 중심을 잡고 살라' 는 말씀은 '예수님을 마음의 중심에 모시고 살라' 는 말입니다. 따라서 마음에 예수님을 모시고 사는 것이 내 인생 중심을 잡고 사는 것입니다. 아무리 세상살이가 외줄을 타는 것과 같이 위태할지라도 예수님을 마음에 모시고 사는 사람은 중심 잡힌 인생을 살 수 있습니다. 아무리 세상에 유혹이 많아도 예수님을 마음에 모시고 사는 사람은 중심이 잡혀 있기 때문에 타락하지 않습니다. 누구라도 예수님을 마음에 모시면 과거에 무슨 잘못을 했든지 용서를 받습니다.

우상을 섬긴 죄도 용서받습니다. 하나님을 비웃던 불신의 죄도 용서받습니다. 사람에게 실수한 것도, 지은 죄도 회개하면 용서를 받습니다. 마귀의 종에서 해방이 됩니다. 하나님의 자녀가 됩니다. 천국길이 열립니다. 천국가는 날까지 하나님께서 천사를 보내 보호해 주십니다. 위험한 일을 막아주십니다. 병들면 고쳐주십니다. 수고하는 일을 도와주십니다. 자손까지 잘되는 복을 주십니다.

그리고 사람은 누구나 때가 되면 죽게 되고, 죽으면 천국에 가든 지옥에 가든 내세로 이사를 가는데, 그때 마귀에게 붙들려 지옥에 가서 영벌 받지 않도록 하나님께서 천사를 보내 영생복락을 누리는 천국으로 인도해 주실 것입니다.

그러니 사람이 이 세상에 살면서 받아 누려야 할 복 중에 가장 귀한 복이 예수님을 믿는 복인 줄 믿습니다. 이런 사실을 알고 이런 복을 받아 누리는 사람이 이 좋은 복을 어찌 혼자 누릴 수 있겠습니까? 그래서 이 복을 남편과 함께 누리기를 원해서 남편을 권하고, 이 좋은 복을 아내와 함께 누리기를 바라서 아내를 권하고, 이 좋은 복을 이웃과 함께 누리고 싶어서 전도하는 것입니다.

5장

사람이 가지고 있는 기본적인 욕구 가운데 '성욕'(性慾)이 있습니다. 이것은 사람이 살아가면서 필요한 욕구입니다. 이를 통해 부부가 가정을 이루어 서로 사랑하고, 생육하는 사명을 감당할 수 있기 때문입니다. 그러나 '성욕'을 성경대로 사용하지 않으면 죄를 짓고 망하게 됩니다. 따라서 본 장에서는 하나님의 사람들이 알고 지켜야 할 '성 생활'에 대한 교훈을 하고 있습니다.

1. 지혜와 명철에 관심을 가져야 합니다(5:1-2).

1) 여기서 말하는 지혜와 명철은 오랜 세월과 경험 속에서 얻는 체험적이고 실

제적인 지혜를 말합니다.

2) 근신과 지식을 지켜야 합니다(2절).

"근신을 지키며 네 입술로 지식을 지키도록 하라"

여기서 말하는 '근신' 이란 '신중하고 사려 깊은 생각' 을 말합니다. 그리고 '지식' 이란 '하나님을 아는 것' 과 '마땅히 행할 바' 를 말합니다. 그러므로 사람은 사람으로서 마땅히 알아야 할 것을 알아야 하고, 아는 것은 삶속에 지켜 살려고 최선을 다해야 합니다.

2. 음녀를 조심해서 멀리해야 합니다(5:3-6).

"대저 음녀의 입술은 꿀을 떨어뜨리며 그의 입은 기름보다 미끄러우나 나중은 쑥 같이 쓰고 두 날 가진 칼 같이 날카로우며"

1) '음녀' 란 '다른 지역에서 온 이방인' 이라는 말인데 이 말 속에는 그러기 때문에 '이상한 것' 이란 의미를 내포하고 있습니다. 다시 말해서 '음녀' 란 '불신세력' 이나 '불신문화' 를 의미합니다.

2) 이런 음녀를 멀리해야 할 이유는 음녀의 입술은 꿀을 떨어뜨리며 그의 입은 기름보다 미끄럽기 때문입니다(3절).

여기서 '음녀의 입술' 이란 음녀의 입에서 나오는 '말' 을 의미합니다. 그런데 그의 말이 '꿀을 떨어뜨림 같다' 는 것입니다.

그것은 음녀의 유혹하는 말이 매우 달콤하여 일시적 쾌락을 자극한다는 말입니다. 그래서 많은 사람들이 그의 유혹에 속습니다. 그러나 음녀의 말은 사실 '쑥' 같이 쓰고 두 날 가진 '칼' 같이 날카롭습니다(4절).

(1) '나중' 이라는 말이 주는 의미는 지금의 합당치 못한 행동이 후에 심판을 자초한다는 것을 말합니다.

(2) '쑥같이 쓰고' 라는 말은 심판의 결과가 참혹하다는 의미입니다. 또 '두 날 가진 칼같이 날카로우며' 라는 말은 치명적인 손해를 끼칠 것을 암시하는 말씀입니다.

3) 그의 발은 사지로 내려가며 그의 걸음은 스올로 나아가기 때문입니다(5절).

이 말은 음녀들이 이르는 종착역이 멸망과 지옥임을 시사하는 말씀입니다. '음녀' 는 생명의 평탄한 길을 찾지 못하며 자기 길이 든든치 못하여 그것을 깨닫지도 못하기 때문입니다(6절).

우리가 정말로 조심해야 할 것이 '음녀', 곧 불신 세력과 불신 문화의 유혹입니다. 하나님의 말씀으로 이런 유혹을 물리치는 여러분 되시길 소원합니다.

3. 성생활과 가정생활의 지혜(5:1-23)

1) 부모의 자녀 성교육

한국의 부모들은 자녀교육에 대한 특별한 애착을 강하게 가지고 자녀교육에 힘씁니다. 그러나 한국의 부모들이 자녀들에게 성교육을 하는 것은 많이 부족하거나 잘못되어 있습니다.

성에 대해서는 자녀에게 미리 말하면 안 된다고 생각하는 부모들이 있습니다. 성에 대해서 가르쳐 주지 않아도 아이들이 크면 자연스럽게 알게 된다고 생각하는 부모들도 있습니다.

부모들 중에 아들이 다른 사람에게 성폭력(?)을 해서 문제가 되어도 "남자는 그래도 되는거야"라고 관대하게 말합니다. 그러나 그러는 부모라도 자기 딸이 그런 피해를 입었을 때에는 "그런 일은 절대 있어서는 안 될 일이다"라고 말합니다. 부모들의 아들의 성에 대한 기준이 혼란스런 경향이 있습니다. 그러면 안 됩니다. 하나님께서는 성경을 통해 부모가 자녀에게 일찍부터 성교육을 해야 한다고 말씀하셨습니다.

그 중에 하나가 본문의 말씀입니다.

2) 성 환경에 대한 하나님의 교훈(3-6절)

"대저 음녀의 입술은 꿀을 떨어뜨리며 그의 입은 기름보다 미끄러우나 나중은 쑥 같이 쓰고 두 날 가진 칼 같이 날카로우며 그의 발은 사지로 내려가며 그의 걸음은 스올로 나아가나니 그는 생명의 평탄한 길을 찾지 못하며 자기 길이 든든하지 못하여도 그것을 깨닫지 못하느니라"
   (1) 음녀들이 많다는 것입니다(3절).

   (2) 음녀들은 그럴듯한 달콤한 말로 유혹한다는 것입니다(3절).

   (3) 그들의 말은 꿀 같지만 그들에게 속으면 그 맛이 쑥과 같이 쓰다는 말
       입니다(4절).

   (4) 그들의 말은 매끄럽지만 그들에게 속으면 양날이 선 칼과 같다는 말
       입니다(4절).

   (5) 그들을 따르면 즐거울 것 같아도 그들의 종착역은 멸망의 처소라는 것
       입니다(5절).

   (6) 그들을 따르면 분별력이 없어진다는 것입니다(6절).

3) 성의 유혹을 이기는 비결(1-2,8절)

(1) "내 아들아 내 지혜에 주의하며 내 명철에 네 귀를 기울여서 근신을 지
키며 네 입술로 지식을 지키도록 하라"(1-2절)
    ① 하나님의 말씀에 귀를 기울이고 들으라
    ② 하나님의 말씀을 지켜 살라
    ③ 네 입술로 지식을 지키라

78

(2) 음녀에게서 멀리해야 합니다.

그런 집의 문에도 가지 말아야 합니다(8절).

　① 건강한 사람이 격리된 전염병 환자를 대하듯 하라는 말입니다.

　② 철저하게 음녀를 멀리할 것을 경고하는 말씀입니다.

　③ 음행은 무서운 전염성과 중독성을 가지고 있기 때문입니다.

4) 성의 유혹을 이기지 못하고 음녀를 따를 때 오는 결과(9-14절)

(1) 존영을 잃게 됩니다(9절).

　① '존영' 이란 '영예' 란 뜻을 가지나 여기서는 청년에게서만 찾아볼 수 있는 '청순함' 이나 '순수함' 이라는 의미를 지닙니다.

　② 그러기 때문에 청순한 청년의 멋진 이미지가 음란의 범죄로 말미암아 공공연하게 퇴색되고 상실된다는 것을 경고하는 것입니다.

(2) 수한도 단축됩니다(9절).

"두렵건대 네 존영이 남에게 잃어버리게 되며 네 수한이 잔인한 자에게 빼앗기게 될까 하노라"

음행에 대한 엄중한 심판이 이 세상에서도 진행된다는 말씀입니다. 여기서 말하는 '존영' 이란 '아름다움' 과 '영예' 란 뜻을 가집니다. 그러나 내용 상으로는 청년에게서만 찾아볼 수 있는 '청순함' 이나 '순수함' 이라는 의미도 내포합니다. 이런 것은 정말 소중한 것들입니다. 그런데 혹시라도 이런 청년들이 성적으로 죄를 범하게 되면 한순간에 그 아름다운 것들을 잃게 된다는 것입니다.

혹시라도 우리 청년들이 이런 성적으로 문란한 문화의 피해자가 되지 않도록 믿음으로 청년의 아름다움을 지켜가도록 해야 합니다.

(3) 재물을 잃게 됩니다(10절).

청년은 젊기 때문에 성적인 욕구도 강하고, 그런 강한 성적 욕구를 죄짓는 데 사용하도록 꼬이는 유혹도 많습니다. 그러기 때문에 잘못하여 음녀의 유혹에 빠져 성적으로 죄를 범하게 되면 모든 소중한 것을 한꺼번에 잃게 됩니다. 청년만이 간직하는 청순함뿐 아니라 그동안 애써 얻은 재물도 잃게 됩니다. 그래서 성적인 유혹을 이기지 못하는 사람은 한순간에 패가망신을 하는 겁니다. 이 점을 우리 젊은이들이 주의해야 합니다. 물론 기혼자들에게도 이런 주의는 필요합니다.

건강한 사람이 성욕을 느끼는 것은 자연스런 일입니다. 그러나 성적인 행위는 하나님의 법 안에서 이루어져야 합니다. 성생활에 대해서 하나님께서 정하신 법은 정상적인 부부 사이로 제한됩니다. 그러기 때문에 결혼 전에 이루어지는 성행위는 하나님의 법을 어긴 것이 됩니다. 결혼을 했어도 배우자가 아닌 사람과의 성행위 역시 성에 대한 하나님의 법에 어긋납니다.

그런데도 오늘날 문화는 이런 제한을 무너뜨리고 있습니다. 정상적이지 못한 성관계를 오히려 미화합니다. 요즈음 안방을 파고드는 드라마와 영화들이 대부분 불륜을 미화하는 작품들입니다. 이런 적절치 못한 성문화에 우리 젊은이들과 자녀들이 무방비로 노출되어 있습니다. 이런 일에 우리 어른들이 모범을 보여야 하고, 혹시라도 타락하고 문란한 성문화에 우리 젊은이들과 자녀들이 물들지 않도록 지도를 해야 합니다.

(4) 가슴을 치며 후회할 날이 이릅니다(11-14절).

"두렵건대 마지막에 이르러 네 몸, 네 육체가 쇠약할 때에 네가 한탄하여 말하기를 내가 어찌하여 훈계를 싫어하며 내 마음이 꾸지람을 가벼이 여기고 내 선생의 목소리를 청종하지 아니하며 나를 가르치는 이에게 귀를 기울이지 아니하였던고 많은 무리들이 모인 중에서 큰 악에 빠지게 되었노라 하게 될까 염려하노라"

성적으로 죄를 지을 때 나타나는 하나님의 심판은 미래적인 것도 있지만 여기에서는 현세적인 심판을 강조하고 있습니다. 앞에서 지적한 바와 같이 성적으로 타락하게 되면 '존영'을 잃게 될 것이고, '수한'도 빼앗기게 될 것이며, '재물'도 잃고, 결국에는 가슴을 치며 '한탄'하게 될 것이고, '몸'까지도 쇠패(衰敗)해질 것이라는 것입니다.

그러므로 성적으로 타락하게 되면 그야말로 모든 좋은 것들을 다 잃게 되는 것입니다. 그러므로 내가 혹시라도 성적으로 타락할까 조심해야 합니다.

5) 성적인 유혹을 이기는 방법(15-23절)

(1) "너는 네 우물에서 물을 마시며 네 샘에서 흐르는 물을 마시라"(15절)

① 여기서 '우물'이라는 말은 '아내'라는 말입니다.

② 아내를 '샘'과 '우물'에 비유한 것은 아내가 사막지방에서의 우물과 같이 소중하다는 것입니다.

③ '마시라'는 말씀은 '만족하라'는 말씀입니다.

④ 성욕은 가정에서 정상적인 부부 사이에 만족을 해야 한다는 말입니

다. 그렇지 않을 경우 외도하게 됩니다. 그러므로 부부 간에는 성적인 만족을 위해 서로 노력을 하며 협력해야 합니다.

(2) "어찌하여 네 샘물을 집 밖으로 넘치게 하며 네 도랑물을 거리로 흘러가게 하겠느냐"(16절)
① 결혼 전 동거생활은 하나님께서 싫어하시는 일이요, 죄입니다.
② 결혼 한 이후 다른 이성과 성생활 역시 간음, 간통, 음란한 행위, 죄입니다.
③ 이 말씀은 음행의 추악함을 드러내는 동시에 합법적으로 맞아들인 아내의 소중함을 강조하는 말입니다.

(3) "그 물이 네게만 있게 하고 타인과 더불어 그것을 나누지 말라"(17절)
① '합법적인 결혼생활 속에서만 네 자녀들이 태어나게 하라' 는 말입니다.
② 부정한 성관계를 통해 자녀들을 낳아 집 밖에 두는 일이 없도록 하라는 말씀입니다.
③ 성욕을 아내(남편)가 아닌 다른 여자(남자)를 통해 충족시키지 말라는 뜻입니다.
④ 합법적인 부부와 충실하고 순결한 결혼 생활을 하라는 말입니다.

(4) "네 샘으로 복되게 하라 네가 젊어서 취한 아내를 즐거워하라"(18절)
'네가 젊을 때 결혼한 아내(남편)' 와 평생을 같이 하면서 그 안에서만 즐거움과 기쁨을 얻으라는 말씀입니다.

(5) 왜 위와 같이 해야 합니까?

"그는 사랑스러운 암사슴 같고 아름다운 암노루 같으니 너는 그의 품을 항상 족하게 여기며 그 사랑을 항상 연모하라"(19절)

　① 성욕을 충족할 유일한 사랑의 대상인 배우자의 매력과 아름다운 특성을 그러한 속성을 지닌 동물들에 비유하고 있습니다.

　② 가까이 있는 것을 소중히 여길 줄 모르는 사람은 무엇을 취해도 만족할 줄 모릅니다.

6) 성생활에 대한 부모의 교훈에 대한 마무리(20-23절)

(1) "내 아들아 어찌하여 음녀를 연모하겠으며 어찌하여 이방 계집의 가슴을 안겠느냐"(20절)

합법적인 성생활에 대해 교훈을 강조하기 위해 반어법적으로 교훈하고 있습니다.

(2) "대저 사람의 길은 여호와의 눈 앞에 있나니 그가 그 사람의 모든 길을 평탄케 하시느니라"(21절)

하나님은 다 아신다는 것을 강조합니다. 그러기 때문에 사람이 좌우만 살피고 주변 눈치만 보며 행동하면 안 됩니다. 성생활도 하나님께서는 다 살펴보신다는 것을 알고 하나님 보시기에 합당하게 살아야 합니다.

(3) "악인은 자기의 악에 걸리며 그 죄의 줄에 매이나니"(22절)

악한 정욕을 충족시키기 위해 부정을 행한 자는 결국 그 죄에 대한 엄중한

보응을 받게 된다는 것입니다. 악을 행하는 사람은 결국 하나님의 심판을
피할 수 없게 될 것입니다.

**(4) "그는 훈계를 받지 아니함으로 말미암아 죽겠고 심히 미련함으로 말
미암아 혼미하게 되느니라"(23절)**

음행자는 자기 스스로 죄를 범하는 어리석음 때문에 결국은 망하게 됩니
다. 자제할 줄 모르는 육체적 정욕은 분별력을 잃게 만듭니다. 그래서 망하
게 되는 것입니다.

성적인 가치관이 매우 혼란스런 때를 맞이했습니다. 청소년들과 젊은이
들이 이런 혼란 속에 하나님께서 주신 성생활의 축복을 잃고 있습니다. 그
래서 가정에 위기가 오고 있습니다. 이런 때에 우리가 하나님과의 관계를
잘할 뿐 아니라, 인간관계 속에서의 성생활도 하나님 보시기에 합당하게 해
서 성을 통해서 가정에 부어 주시는 하나님의 축복을 누리며 하나님을 기쁘
시게 해드리는 우리가 되기를 소원합니다.

제 6 장

　잠언 6장은 사람이 세상을 살아가면서 꼭 알고 지켜야 할 4가지 주제를 교훈하는 지혜의 말씀입니다.

① 1-5절 : 다른 사람의 보증인이 되는 일에 관한 교훈

② 6-11절 : 개미를 통한 교훈

③ 12-19절 : 하나님이 미워하시는 죄에 대한 교훈

④ 20-35절 : 간음에 대한 교훈과 성적인 죄

1. 다른 사람의 보증인이 되는 일에 관한 교훈(6:1-5)

1) 보증에 대한 교훈

다변화된 현대사회를 살아감에 있어서 누군가에게 보증을 부탁할 일이 생길 때도 있고, 평소 가까이 지내는 사이의 어떤 사람이 나에게 보증을 서 달라고 요청하는 일도 생깁니다.

이럴 때 어떻게 해야 할 것인가? 본 장에서는 재정적인 보증에 대해 엄하게 교훈하고 있습니다.

(1) 타인을 위한 보증을 해주는 것은 "얽히고 잡히게 되었으니 지체하지 말고 그 보증에서 벗어나라"고 교훈합니다.

이 외에도 성경은 보증에 대해서 다음과 같이 교훈합니다.

① 잠언 11:15

"타인을 위하여 보증이 되는 자는 손해를 당하여도 보증이 되기를 싫어하는 자는 평안하니라"

② 잠언 20:16, 27:13

"타인을 위하여 보증 선 자의 옷을 취하라 외인들을 위하여 보증 선 자는 그의 몸을 볼모 잡을지니라"

③ 잠언 17:18

"지혜 없는 자는 남의 손을 잡고 그의 이웃 앞에서 보증이 되느니라"

④ 잠언 22:26

"너는 사람과 더불어 손을 잡지 말며 남의 빚에 보증을 서지 말라"

(2) 이러한 교훈을 소홀히 여기고 보증을 했다가 여러 피해를 보는 이들이 있습니다.

재산상 손해를 보는 경우도 있고, 돈 잃고 사람도 잃고 의도 상하는 경우도 있습니다. 그래서 하나님께서는 보증을 서지 말라고 말씀하십니다. 그러나 보증에 관한 교훈을 문자적으로 이해해서 그대로 실천하려고 할 경우에 현실적으로 많은 문제가 생깁니다.

젊은이들이 직장을 취직할 때 직장에서 요구하는 '재정보증'이라든지, 대출을 할 때 은행에서 요구하는 '재정보증'이라든지, 또는 거래를 위해 '재정보증'을 요구할 경우, 병역미필자가 해외여행이나 단기연수를 갈 경우 '재정보증'을 해야 하는 경우가 있습니다. 이를 위해 평소 가까이 지내는 사람이 이런 보증을 요구할 경우 이를 거절하기란 매우 어려운 상황입니다.

이럴 때 어떻게 보증을 안 할 수 있습니까? 위와 같은 경우에 아무도 보증을 안 해주면 누가 문제를 해결해 주어야 합니까? 현실적으로 처신하기 어려운 문제입니다. 누군가 보증이 필요할 때가 있습니다. 저도 보증인이 필요할 때가 있습니다.

⑶ 이런 보증의 문제에 대해 하나님께서 성경을 통해 교훈하시는 바가 무엇입니까?

본문 1절에서 5절에 걸쳐 나오는 말씀만을 본다면 어떤 경우에도, 그 누구에게도 보증을 서면 안 되는 것으로 생각할 수 있습니다. 그러나 본문을 통해 하나님께서 말씀하시는 의도는 어느 경우에도 보증을 절대 하지 말라는 말씀이 아닙니다.

단지 경솔히 보증인이 되는 일의 위험과 성급한 결정을 할 경우 생각지 못했던 위험한 일이 일어날 것을 경고하는 말씀입니다.

좀 더 구체적으로 말씀을 드리면 이렇습니다.

① 자기 스스로 감당하지도 못할 일에 담보자가 되거나 재정적 보증인

이 되는 일은 어리석은 일이니 조심해야 합니다. 가진 것이 오직 살고 있는 집 한 채뿐인데 그것을 은행에 저당잡히면서까지 담보물로 제공해 주었을 경우에 그 보증 때문에 가족까지 갈 곳이 없어지게 될 위험이 있기 때문입니다. 최악의 경우에 '내 집이 보증과 관련하여 없어져도 괜찮다'는 정도의 결심이 없이는 함부로 보증인이 되어서는 안 됩니다.

② 보증을 요구하는 사람이 다른 사람에게 평소 신용이 없는 사람이거나 보증에 관련된 약속을 해도 지킬 수 없는 사람이라면 보증을 하지 말아야 합니다.

③ 돈이 생기면 평소에 술이나 마시고 방탕한 생활을 즐기는 사람이 보증을 원한다면 경제적인 여유가 있는 경우라도 그런 사람에게 담보물을 제공해 주거나 보증을 서주는 일은 해서는 안 됩니다.

④ 진실성이 없는 사람이나 책임감이 없는 사람의 빚 보증인이 되거나 담보물 제공자가 되는 일은 스스로 위험을 자초하는 일입니다.

(4) 보증에 대한 우리의 자세는 어떠해야 합니까?

① 내가 먼저 신뢰를 받을 만한 사람이 되어야 합니다. '그 무엇을 맡겨도 안심하고 그 무엇을 빌려 주어도 마음이 놓인다'는 신뢰감을 줄 수 있게 살아야 합니다.

② 다른 사람에게 무리한 보증을 부탁하지 않아야 합니다. 책임감이 강한 사람은 남에게 부담을 주는 보증을 부탁하는 것도 함부로 하지 않습니다.

③ 보증을 해 주어야 할 경우 보증을 필요로 하는 일이 '건실한 일인가?'를 파악해야 합니다. 일단 보증을 했으면 보증한 일에 대해 책임

을 져야 하기 때문입니다.

④ 다른 사람에게 보증하는 일에 다리를 놓는 일은 절대 하지 말아야 합니다. 스스로 그 문제를 해결할 수 없는 사람의 보증은 더욱 위험한 일이기 때문입니다.

⑤ 성도들의 경우 목회자에게 보증을 부탁하지 말아야 합니다. 목회자가 교인의 보증을 들어 주어도 시험에 들고, 들어 주지 않아도 시험에 듭니다. 왜냐하면 목회자는 여러 교인들을 똑같이 상대해야 하는 공인이기 때문입니다. 한 사람에게 보증을 해주면 다른 성도들이 보증을 해달라고 할 때 해주어야 합니다. 그러나 목회자가 그럴 수 없습니다. 그렇기 때문에 성도는 목회자에게 어떤 보증이라도 요구하면 안 되고, 목회자 역시 보증을 요구하는 교인들을 다 같이 보증해주지 못한다면 처음부터 보증해주는 일은 절대 삼가야 합니다.

2. 개미를 통한 교훈(6:6-11)

"게으른 자여 개미에게 가서 그가 하는 것을 보고 지혜를 얻으라" (6절)

게으른 사람에 대한 교훈입니다. 여기에 나오는 '게으른 사람' 이란 그저 행동이 느린 사람을 말하는 것이 아닙니다. 평소 행동이 느리다고 게으른 것이 아닙니다. 행동은 느려도 할 일을 잘 하는 사람들이 많습니다.

1) 게으른 사람이란 어떤 사람입니까?
(1) 능력이 있으면서도 해야 할 일을 제대로 하지 않는 사람입니다.

(2) 노력을 하면 더 잘할 수 있는데도 노력을 하지 않아 발전이 없는 사람입니다.

조금만 노력하면 교회 봉사를 잘 할 사람인데 봉사를 하지 않는 사람이 게으른 사람입니다. 조금만 노력하면 기도를 잘 할 사람인데 기도하지 않는 사람이 게으른 사람입니다. 조금만 노력하면 전도를 잘 할 사람인데 전도하지 않는 사람이 게으른 사람입니다.

(3) 게으른 사람에게 하나님께서 당부하시는 말씀이 있습니다.

"게으른 자여 개미에게 가서 그가 하는 것을 보고 지혜를 얻으라" 는 것입니다. 게으른 사람은 하찮은 미물이지만 개미에게도 배울 것은 배워야 한다는 말씀입니다.

① 개미의 어떤 모습을 배워야 합니까?

"개미는 두령도 없고 감독자도 없고 통치자도 없으되 먹을 것을 여름 동안에 예비하며 추수 때에 양식을 모으느니라" (7-8절)

개미는 열심히 일합니다. 부지런합니다. 개미는 누가 시켜서 일을 하는 것이 아니라 스스로 알아서 일합니다. 미래를 위해 오늘 열심히 일합니다. 미래를 열심히 준비합니다. 그러나 우리가 잘 아는 베짱이는 내일 일을 걱정하지 않습니다. 내일의 삶에 대한 대책이 있어서가 아니라 게으르기 때문입니다. 노는 것이 좋기 때문입니다. 그러다가 겨울이 되면 구걸하러 다니는 베짱이야말로 게으른 사람과 같습니다. 우리 그리스도인들은 게으른 자가 되면 안 됩니다.

② 게으른 자의 특징은 어떻습니까?

"게으른 자여 네가 어느 때까지 누워 있겠느냐 네가 어느 때에 잠이 깨어 일어나겠느냐 좀더 자자, 좀더 졸자, 손을 모으고 좀더 누워 있자" (9-10

절)

첫째, 잠자기를 좋아합니다. 피곤해서 자는 것은 당연합니다. 몸이 불편해서 자는 것은 당연합니다. 체질상 다른 사람보다 잠이 더 필요해서 잠자는 시간이 많은 것도 당연합니다. 또한 피부를 좋게 하기 위해 잠을 더 잘 수도 있습니다. 다이어트 하느라 다른 사람보다 더 잘 수도 있습니다. 그러나 게으른 사람은 일하기 싫어서 잠을 좋아합니다. 게으른 학생은 공부하기 싫어서 잠을 좋아합니다. 새벽기도를 해야 할 사람이 새벽에 자느라 기도를 못하는 것도 게으르기 때문입니다.

두 번째, 핑계가 많습니다.

"게으른 자는 길에 사자가 있다 거리에 사자가 있다 하느니라" (잠 26:13)

게으른 사람은 자신이 해야 할 일을 하지 않으면서도 그것을 합리화하려는 이유가 많다는 말입니다. 이유가 될 만한 것도 이기며 해야 할 일을 하는 부지런한 사람이 되어야 합니다. 주인과 종의 차이가 해야 할 일을 하려는 과정에 나타나는 이유를 어떻게 대처하느냐의 차이입니다. 하나님의 사람들은 하려는 일을 방해하는 이유를 이기며 부지런히 일하는 사람이 되어야 합니다.

세 번째, 의욕이 없고 만사를 귀찮게 여깁니다.

"게으른 자는 그 손을 그릇에 넣고도 입으로 올리기를 괴로워하느니라" (잠 26:15)

(4) 하나님께서 왜 게으르면 안 된다고 하십니까?

① 게으르면 가난해지기 때문입니다.

"네 빈궁이 강도 같이 오며 네 곤핍이 군사 같이 이르리라" (11절)

하나님께서 하나님의 사람들에게 원하시는 삶은 가난이 아니라 부요함입니다. 이것이 창조의 목적이기도 합니다. 그렇다고 부요함과 가난의 기준은 물질이 아닙니다. 돈이 많다고 반드시 부자라 할 수 없습니다. 돈이 적다고 가난한 것이 아닙니다. 가난한 부자가 있고, 부한 거지가 있습니다.

연말을 맞아 어느 성도가 이웃에게 쌀을 나누어 주고 싶어서 만나나눔터에 적지 않은 돈을 기부했습니다. 그 분은 본인의 이름을 밝히지 말라고 부탁했습니다. 그 분은 사실 넉넉한 살림을 하는 분이 아닙니다. 그러나 이 분이야말로 가난한 부자입니다.

우리 모두가 이런 부자들이 되어야 합니다. 우리가 비록 살림이 넉넉하지 못해 다른 사람이 말하기를 가난한 사람이라고 할지라도 우리는 얼마든지 부자로 살 수 있습니다. 믿음의 부자, 마음의 부자로 말입니다.

② 부지런한 사람은 다른 사람을 다스리며 살게 되지만 게으른 사람은 다른 사람에게 부림을 받는 위치에서 벗어날 수 없기 때문입니다.

"부지런한 자의 손은 사람을 다스리게 되어도 게으른 자는 부림을 받느니라" (잠 12:24)

그러므로 사람은 할 일을 스스로 알아서 최선을 다해야 합니다. 개미는 자기가 알아서 자신이 해야 할 일을 합니다. 우리도 개미와 같이 부지런한 사람이 되어야 합니다. 시켜야만 움직이는 사람은 개미 보기에도 부끄러운 사람입니다. 시켜도 움직이지 않는 사람은 개미 보기에도 창피한 사람입니다. 시키지 않아도 할 일을 찾아 일하는 일꾼들이 되어야 합니다.

(5) 하나님은 어떤 분이십니까?
① 피조물이 아니시고 창조자, 조물주이십니다.
② 인격체이시고, 감정이 있으시고, 노하시기도, 좋아하시기도 하시는 분이십니다.

③ 감정에 지배를 받으십니다. 하나님께서 노하시게 되면 그 대상을 벌하십니다. 사람 때문에 하나님께서 노하시면 그 사람을 벌하십니다. 바다나 바람 때문에 노하시면 하나님께서는 그 바다나 바람을 꾸짖으시고 벌하십니다. 그리고 누구든지 하나님을 좋아하시게 하거나 기뻐하시게 하면 하나님께서는 그 사람을 좋아하시고, 그 사람을 기쁘게 해주시기 위해 칭찬과 복을 주십니다. 따라서 벌 받으려면 하나님께서 싫어하시는 일을 골라하면 됩니다. 그러나 만일 상을 받고 복을 받으려면 하나님께서 싫어하시는 일을 하지 않아야 합니다. 하나님께서 좋아하시는 것을 해야 합니다. 하나님께서 무엇을 좋아하시고 무엇을 싫어하시는가에 대해서는 성경을 통해서 알아야 합니다.

3. 하나님이 미워하시는 죄에 대한 교훈(6:12-19)

1) 본문은 하나님께서 싫어하시는 사람이 어떤 사람인가에 대해서 소개하고 있습니다.

(1) '불량하고 악한 자' 입니다.

"불량하고 악한 자는 구부러진 말을 하고 다니며 눈짓을 하며 발로 뜻을 보이며 손가락질을 하며" (12-13절)

어떤 사람이 불량하고 악한 사람이라는 것입니까?

마음에 패역을 품고 남을 해하려는 악한 마음을 품는 사람입니다. 구부러진 말을 하는 사람입니다. '구부러진 말' 은 진실하지 못한 말입니다. 진실하지 못한 사람은 진실하지 못한 말을 하는 것입니다. 행동이 진실하지 못한

사람입니다. 13절에 ‘눈짓을 하며 발로 뜻을 보이며 손가락질을 하는’ 사람
입니다.

왜 이런 몸짓을 합니까? 진실하지 못한 것을 은밀하게 표현하려고 하는
것입니다. 좋은 의미로 이런 의사표현을 하는 것은 상관이 없지만, 악한 마
음을 품고 은밀하게 이런 표현을 자주 하는 사람은 뭔가 문제가 있는 사람
입니다. 여러 사람들 사이에 비밀이 많은 사람입니다. 다른 사람에게 숨기
고 싶은 것이 많은 사람입니다. 이런 의사 표현은 대개 좋은 의미로 사용하
는 것보다 악한 일에 사용합니다.

(2) 마음에 패역을 품으며 악을 꾀하며 다툼을 일으키는 사람입니다.
“그의 마음에 패역을 품으며 항상 악을 꾀하여 다툼을 일으키는 자라 그
러므로 그의 재앙이 갑자기 내려 당장에 멸망하여 살릴 길이 없으리라”
(14-15절)

이런 사람에게 재앙이 갑자기 임하게 됩니다. 그러나 더 안타까운 것은 그
래도 도움을 얻지 못하다가 결국은 패망하게 됩니다. 그러므로 사람은 불량
하면 안 됩니다. 악하면 안 됩니다. 다시 말해서 사람은 본성대로 살면 안 되
고, 하나님의 말씀대로 살려고 해야 합니다.

(3) 다음의 목록에 드는 사람을 하나님께서 싫어하십니다.
“여호와께서 미워하시는 것 곧 그의 마음에 싫어하시는 것이 예닐곱 가
지이니” (16절)

① 교만한 눈
② 거짓된 혀
③ 무죄한 자의 피를 흘리는 손

④ 악한 계교를 꾀하는 마음

⑤ 빨리 악으로 달려가는 발

⑥ 거짓을 말하는 망령된 증인

⑦ 형제 사이를 이간하는 자

여기에 나오는 말씀 중에 하나님께서 미워하시는 짓을 하는 것은 다름이 아니라 우리의 몸에 있는 지체들인 눈과 손 그리고 마음과 발입니다. 하나님께서 우리에게 몸을 주신 이유가 무엇입니까? 손을 주신 이유는 손으로 하나님을 섬기고 이웃을 섬기며 살라고 주셨습니다. 약한 사람들을 치라고 힘 있는 손을 주시지 않으셨습니다.

4. 간음에 대한 교훈과 성적인 죄(6:20-35)

얼마 전 시골에 사는 80세가 넘은 노부부가 함께 살해된 안타까운 사건이 있었습니다. 이 노부부의 시체는 하수구에서 발견되었습니다. 범인을 잡고 보니 얼마 전 그 집에서 페인트 작업을 하던 이웃 젊은이였습니다. 그 청년은 밤에 그 집에 들어가 송아지 판 돈을 훔치려다 실패한 것입니다. 그래서 다음 날 노부부에게 시장을 가자고 속입니다. 그리고 자기 트럭에 그들을 태우고 다니다 그 노부부를 살해한 것입니다. 그 후 그는 그 노부부의 소를 끌어다가 이웃 우시장에 팔아 돈까지 챙겼습니다.

이런 사람이 바로 악하고 불량한 사람입니다. 그의 모든 지체가 악을 행하는 일에 동원되었습니다. 먼저 마음속에 악한 생각을 합니다. 그의 입으로 '시장 가자' 고 노부부를 속이는 말을 합니다. 운전하는 자신의 기술을 동원합니다. 자기 손으로 부모 같은 사람을 죽입니다. 그리고 발로 소를 끌고 시장에 가서 팔아먹습니다.

나의 몸, 나의 기술, 내가 가진 것을 잘 시용해야 합니다. 나의 몸을 어떻게 사용해야 하는지에 대해서 하나님께서 다음과 같이 교훈하십니다.

1) 자신을 하나님께 드리라

"또한 너희 지체를 불의의 무기로 죄에게 내주지 말고 오직 너희 자신을 죽은 자 가운데서 다시 살아난 자 같이 하나님께 드리며 너희 지체를 의의 무기로 하나님께 드리라" (로마서 6:13)

사람은 먼저 마음에 하나님께서 기뻐하시는 일을 품어야 합니다. 그리고 내 입으로 하나님께서 들으실 때 기뻐하실 말을 해야 합니다. 다른 사람이 들을 때에 기쁨이 되는 말을 해야 합니다. 그리고 내 손을 하나님께서 기뻐하실 일을 이루는 일에 사용해야 합니다. 내 발이 하나님께서 기뻐하실 일을 이루는 일에 사용되도록 해야 합니다. 내가 가진 소유도 하나님께서 기뻐하실 일을 이루는 일에 사용해야 합니다.

그런 사람을 하나님께서 찾으십니다. 하나님께서는 그런 사람에게 함께 하십니다. 우리 모두가 하나님께서 찾으시는 그런 사람입니다.

그러기 위해 어떻게 해야 합니까?

하나님께서 미워하시고 싫어하시는 것을 멀리해야 합니다. 여호와의 미워하시는 것 곧 그 마음에 싫어하시는 것이 육 칠 가지입니다.

① 교만한 눈입니다.

② 거짓된 혀입니다.

③ 무죄한 자의 피를 흘리는 손입니다.

④ 악한 계교를 꾀하는 마음입니다.

⑤ 빨리 악으로 달려가는 발입니다.

⑥ 거짓을 말하는 망령된 증인입니다.

⑦ 형제 사이를 이간하는 자입니다.

이런 사람이 되어서는 안 됩니다. 이런 모습이 내 속에 머물지 못하게 해야 합니다. 하나님의 말씀으로 내 자신을 복종시킬 때 가능한 일입니다.

2) 본래의 기능대로 지체를 사용하라(25절)

"네 마음에 그의 아름다움을 탐하지 말며 그 눈꺼풀에 홀리지 말라"

여기서의 '아름다움'은 성(SEX)을 말합니다. 본래 성욕은 하나님께서 생명체에 주신 선물입니다. 성행위를 통해 하나님의 목적인 생육과 번성이 가능한 것입니다. 그러나 성욕은 반드시 지켜야 할 시기와 대상이 있습니다.

① 시기 - 정상적인 결혼 이후부터 가능합니다.

② 대상 - 정상적인 부부 사이에만 가능합니다.

그런데 현실은 어떻습니까?

"색을 탐하는 사람들, 사람을 색으로 홀리는 사람들"(25절), 하나님께서 성에 대해서 정하신 원칙을 어기는 사람들이 있습니다. 그리고 이 원칙을 어기게 하려는 사람들도 있습니다. 문명이 발달하면서 가장 빠르게 발전하는 것 중에 하나가 성문화(性文化)입니다. 타락한 성문화 속에 우리가 살고 있습니다. 이런 타락한 성문화에 홀리는 사람, 곧 미혹을 받는 사람이 미련한 사람입니다. 왜 그렇습니까?

① 그런 일을 하나님께서 싫어하시고, 또 미워하시기 때문입니다.

② 26절에서 "음녀로 말미암아 사람이 한 조각 떡만 남게 됨이며 음란한 여인은 귀한 생명을 사냥함이니라"는 말씀과 같이 음녀에게 홀리면 귀한 것을 가지고 있던 좋은 것들을 다 **빼앗기기** 때문입니다.

(3) 음란에 미혹되면 돈도 잃고 생명도 잃습니다(26절).

여기서 '한 조각 떡만 남게 됨이며' 라는 말은 음란에 미혹되면 자기가 가지고 있던 아주 작은 것이라도 다 잃게 된다는 것을 말합니다. 음행의 결과 첫 번째로 빈곤을 언급하고 있는 것입니다.

(4) 음란에 미혹되면 '자기의 영혼이 망하게' 되기 때문입니다(32절).

"여인과 간음하는 자는 무지한 자라 이것을 행하는 자는 자기의 영혼을 망하게 하며"

'무지한 자' 라는 말은 '마음이 없는 자' 라는 말이지만 여기서는 음란에 빠져 이성적인 판단 능력이 마비된 상태에 있는 자를 말합니다(7:7; 9:4). 그러기 때문에 성적으로 타락한 사람들을 보면 정말 정신 나간 사람처럼 행동하는 것입니다. 참으로 무지한 사람들입니다. 나도 그런 사람 중에 하나가 될 수 있다는 점을 언제나 기억하고 살아야 합니다.

(5) 음란에 미혹되면 '상함과 능욕을 받고 부끄러움을 씻을 수 없게 되기 때문' 입니다(33절).

(6) 음란에 미혹되면 '남편이 투기로 분노하여 원수 갚는 날에 용서하지 아니하기 때문' 입니다(34절).

이와 같이 성적으로 타락하면 명예, 권세, 돈, 체면, 가정 그리고 생명까지 잃습니다. 이런 결과는 어떻게 일어납니까?

"사람이 불을 품에 품고서야 어찌 그의 옷이 타지 아니하겠으며 사람이 숯불을 밟고서야 어찌 그의 발이 데지 아니하겠느냐"(27-28절)

위와 같은 일이 우연한 것이 아니라는 것입니다. 음란하게 사는 자에게 그런 일은 공식처럼 찾아오게 된다는 것입니다. 그러므로 하나님께서는 25절에서 다음과 같이 말씀하십니다.

"네 마음에 그 아름다움을 탐하지 말며 그 눈꺼풀에 홀리지 말라"

그렇게 하려면 의지만으로는 안 됩니다. 어떻게 해야 합니까?

"내 아들아 네 아비의 명령을 지키며 네 어미의 법을 떠나지 말고 그것을 항상 네 마음에 새기며 네 목에 매라 그것이 네가 다닐 때에 너를 인도하며 네가 잘 때에 너를 보호하며 네가 깰 때에 너로 더불어 말하리니 대저 명령은 등불이요 법은 빛이요 훈계의 책망은 곧 생명의 길이라"(20-23절)

따라서 하나님의 말씀을 주야로 묵상하며 사는 사람이 복 있는 사람입니다. 말씀의 힘으로 악과 유혹을 이기고, 하나님께서 싫어하시는 것을 멀리 해야 합니다. 그리고 하나님께서 기뻐하시는 일에 힘쓰는 '복 있는 사람'이 되시길 소원합니다.

7 장

    7장에서는 육체의 정욕을 어떻게 이겨야 하는가에 대한 말씀입니다. 정욕을 어떻게 이기느냐 하는 것은 젊은이들만의 문제가 아닙니다. 이 말씀을 통해 우리 모두 정욕을 이기며 살 수 있을 것입니다.

1. 성적인 유혹이 많은 세상(7:5)

“그리하면 이것이 너를 지켜서 음녀에게, 말로 호리는 이방 여인에게 빠지지 않게 하리라”

1) 우리의 주변에는 '음녀'들과 '이방여인'들이 많습니다.

여기에 나오는 '음녀'는 이방 출신의 매춘부를 가리키는 말입니다. 그리고 '이방여인'은 '음녀'보다는 이방적인 성격이 강하게 나타난 표현입니다. 이들은 솔로몬이 한때 정욕을 이기지 못하고 자의적으로 통혼했던 이방 여자들을 암시하기도 합니다. 이런 악한 유혹자들이 우리 주변에도 있습니다. 이들에 대해서 주의하지 않으면 우리도 성적인 일로 죄를 짓게 됩니다.

2) 음녀들과 이방여인들의 모습

(1) 믿음의 사람들이라도 그로부터 '지켜야' 될 만큼 유혹을 합니다.

(2) 말로 '호립니다'.

여기서 '호린다'는 말은 '남을 유혹하여 정신을 흐리게 한다'는 말입니다. 그럴듯한 말로 속이는 것을 말합니다. 이런 간교한 말에 많은 사람들이 속았습니다. 지금은 우리가 정신을 바짝 차리고 살아야 할 세상입니다.

2. 성적인 유혹을 이기는 방법(7:1-4)

1) 하나님의 말씀을 간직해야 합니다(1절).

"내 아들아 내 말을 지키며 내 계명을 간직하라"

(1) 하나님의 말씀을 잘 간직해야 합니다.

(2) 마음에 하나님의 말씀을 잘 간직해야 말씀의 능력으로 유혹을 이길 수 있기 때문입니다.
① 예수님께서 마귀를 이기실 때에도 '말씀'으로 이기셨습니다.
② 하나님의 말씀이 원수를 이기는 능력의 검입니다.
"구원의 투구와 성령의 검 곧 하나님의 말씀을 가지라" (엡 6:17)
③ 하나님의 말씀은 삶을 인도하는 등불과 같습니다.
"대저 명령은 등불이요 법은 빛이요 훈계의 책망은 곧 생명의 길이라" (잠 6:23)

(3) 마귀는 하나님의 사람의 마음속에 머무는 하나님의 말씀을 빼앗아가려 합니다.
예수님께서 말씀하신 씨 뿌리는 비유에서 길가에 떨어진 씨를 먹어버리는 새가 마귀입니다.

2) 하나님의 말씀을 지켜 살아야 합니다(1,2절).
"내 아들아 내 말을 지키며 내 계명을 간직하라 내 계명을 지켜 살며 내 법을 네 눈동자처럼 지키라"
하나님의 말씀은 귀합니다. 그래서 하나님의 말씀은 읽기를 힘써야 하고, 듣기를 힘써야 합니다. 그보다 더 중요한 것은 읽고 들어서 알게 된 하나님의 말씀을 지키기 위해 힘써야 합니다. 복에 대한 약속은 듣거나 읽어서 받지만 약속된 복은 말씀을 지켜 살 때 거두는 것이기 때문입니다.

3) 손가락에 매며 마음판에 새겨야 합니다(3절).

"이것을 네 손가락에 매며 이것을 네 마음판에 새기라"

이스라엘 사람들이 그들의 율법을 가죽 끈에 새겨 손이나 이마에 매고 다니는 것과 같습니다. 하나님의 말씀을 지키기 위해 말씀을 생활화 하라는 것입니다.

4) 지혜를 누이나 친족과 같이 가까이 해야 합니다(4절).

"지혜에게 너는 내 누이라 하며 명철에게 너는 내 친족이라 하라"

이 말은 지혜를 인격적 존재로 의인화시킨 표현입니다. 누이와 친족은 매우 가까운 사이입니다. 지혜도 그렇게 가까이 할 때 믿음생활을 잘할 수 있는 것입니다.

3. 어리석은 사람의 모습(7:6-9)

"내가 내 집 들창으로, 살창으로 내다 보다가 어리석은 자 중에, 젊은이 가운데에 한 지혜 없는 자를 보았노라 그가 거리를 지나 음녀의 골목 모퉁이로 가까이 하여 그의 집쪽으로 가는데 저물 때, 황혼 때, 깊은 밤 흑암 중에라"

1) 때를 분간할 줄 모릅니다.

어리석은 사람은 지금이 저물 때인지, 황혼 때인지, 깊은 흑암 중인지를 알지 못합니다. 위험한 때를 모릅니다.

2) 가야 할 곳과 가서는 안 될 곳을 분간하지 못합니다.

자기가 가는 곳이 음녀의 골목 모퉁이라는 것을 모릅니다. 그러다가 가서는 안 될 곳으로 갑니다.

3) 가까이 해야 할 사람과 멀리해야 할 사람을 모릅니다.

가까이 해서는 안 될 사람, '기생의 옷을 입은 간교한 여인'을 만납니다. 이런 사람을 어리석은 사람이라고 합니다.

그러나 복 있는 사람은 다름이 아니라 분간할 줄 아는 사람입니다. 시편 1:1에 그런 사람이 소개됩니다.

"복 있는 사람은 악인들의 꾀를 따르지 아니하며 죄인들의 길에 서지 아니하며 오만한 자들의 자리에 앉지 아니하고"

복 있는 사람이란 '좇지 않되 악인의 길을 좇지 않는' 사람, '서지 않되 죄인의 길에 서지 않는' 사람, '앉지 않되 오만한 자의 자리에 앉지 않는' 사람이라고 밝히고 있습니다. 그리고 자기가 해야 할 일을 할 줄 아는 사람이 복 있는 사람이라는 겁니다.

"오직 여호와의 율법을 즐거워하여 그의 율법을 주야로 묵상하는도다"

타락한 사회는 밤 문화가 발달되어 있습니다. 밤 문화는 성적으로 타락하기 쉬운 문화입니다. 우리 서울이 그런 밤 문화가 발달되어 있습니다. 이런 밤 문화에 청소년들이 미혹되기 쉽습니다. 본문 7절에 나오는 '소년 중 한 지혜 없는 자' 처럼 말입니다. 우리는 참으로 복 있는 사람이 어떤 사람인가를 알아야 합니다.

4. 음녀의 모습과 그를 따르는 자들의 모습(7:10-23)

음녀에 미혹되지 않으려면 음녀가 어떤 사람인가를 알아야 합니다.

1) 음녀의 모습은 어떻습니까?

(1) 깊은 밤, 흑암 중, 골목을 좋아합니다(9절).

어두움의 사람들은 어두움을 좋아하기 때문입니다.

(2) 기생의 옷을 입고 간교하게 행동합니다(10절).

지혜롭지 못한 사람은 겉모양에 쉽게 현혹된다는 것을 알기 때문입니다. 그리고 지혜롭지 못한 사람은 달콤한 말에 쉽게 현혹된다는 것을 알기 때문입니다.

(3) 집에 머물지 못합니다(11-12절).

악한 영에 사로잡혀 정서가 안정되지 못하기 때문입니다.

(4) 유혹하기를 좋아하고 수치를 모릅니다. 음녀는 그물을 치고 기다리는 사람과 같습니다. 그리고 13절에서 "그 여인이 그를 붙잡고 그에게 입맞추며 부끄러움을 모르는 얼굴로 그에게 말하되"라고 하는 것과 같이 수치를 모릅니다(13절).

그리고 '찾았노라, 기다렸노라, 그래서 만났노라 함께 가자'라고 간사한 말로 유혹합니다(15절).

(5) 성적으로 유혹합니다(16-21절).

"내 침상에는 요와 애굽의 무늬 있는 이불을 폈고 몰약과 침향과 계피를 뿌렸노라 오라 우리가 아침까지 흡족하게 서로 사랑하며 사랑함으로 희락하자 남편은 집을 떠나 먼 길을 갔는데 은 주머니를 가졌은즉 보름 날에나 집에 돌아오리라"

① 침상을 멋지게 꾸며 놓았다.

② 남편 걱정은 말라. 이미 먼 길을 떠났다.

③ 아침까지 흡족히 사랑하며 즐기자.

④ 여러 가지 말로 유혹합니다.

이렇게 말하는 음녀를 보면 그녀의 삶이 얼마나 정도에서 벗어나 있는가를 알 수 있습니다. 남편이 있으면 그런 짓을 하지 말아야 할 것입니다. 더구나 남편이 외출을 했으면 남편이 돌아올 때를 기다리며 정숙하게 지내야 합니다. 그러나 음녀는 그렇지 않습니다. 뻔뻔스런 모습으로 청년을 유혹합니다. 젊은이의 성적인 욕구를 충동질합니다. 이런 정도가 되면 어느 젊은이나 순간적으로 미혹되게 되어 있습니다. 그러기 때문에 죄를 지을 자리는 아예 가지 않아야 합니다. 미혹하는 사람은 아예 만나지 말아야 합니다. 하나님의 사람들은 처음부터 죄악된 것들과 구별되게 사는 것이 필요합니다.

2) 지혜롭지 못한 자의 모습과 결과(22-23절)

"젊은이가 곧 그를 따랐으니 소가 도수장으로 가는 것 같고 미련한 자가 벌을 받으려고 쇠사슬에 매이러 가는 것과 같도다 필경은 화살이 그 간을 뚫게 되리라 새가 빨리 그물로 들어가되 그의 생명을 잃어버릴 줄을 알지 못함과 같으니라"

(1) 호리는 말로 꼬이는 말에 넘어갑니다.

(2) 음녀를 따라갑니다.

그러나 그 길은 푸주로 가는 소의 길과 같습니다. 그 길은 죽으러 가는 길입니다. 벌 받으려고 쇠사슬에 매이러 가는 것과 같습니다. 죽임을 당하는 길로 끌려가면서도 생명을 잃을 것을 알지 못하는 사람과 같습니다. 누구나 성적으로 미혹을 받으면 그렇게 어리석은 사람이 되어 버립니다. 그러므로 성적으로 유혹하는 이들에게 미혹되지 않게 사는 것이 지혜입니다. 우리가 유혹 많은 세상에서 살기 때문에 유혹을 떠나 살기는 어려워도 유혹을 피할 수 있습니다. 하나님의 말씀을 따라 살면 유혹을 이기며 살 수 있습니다.

5. 유혹을 이기는 방법(7:24-27)

1) 하나님의 말씀에 귀를 기울이고 말씀대로 살아야 합니다(24절).
"이제 아들들아 내 말을 듣고 내 입의 말에 주의하라"

1절에서 저자는 권면의 대상을 '내 아들아' 라고 하다가 여기에 와서는 '아들들아' 라고 부릅니다. 이것은 유혹에 대한 권면의 대상이 인격적으로 완전치 못한 젊은이들을 포함하고 있습니다. 하나님의 말씀에 귀를 기울이고 사는 것만이 세상의 유혹을 이기는 유일한 길이기 때문입니다.

2) 유혹이 있어도 미혹되지 않게 살아야 합니다(25절).
"네 마음이 음녀의 길로 치우치지 말며 그 길에 미혹되지 말지어다"

행동은 마음에서부터 시작합니다. 따라서 저자는 '네 마음' 부터 '음녀의 길로 치우치지 말라'고 당부하는 것입니다. 마음을 다스리지 못하면 다스리지 못한 마음에서 죄가 행동으로 나오게 됩니다. 그래서 예수님께서도 마태복음 5:28에서 말씀하시기를 "음욕을 품고 여자를 보는 자마다 마음에 이미 간음하였느니라"고 하시고, 요한1서 3:15에서는 "그 형제를 미워하는 자마다 살인하는 자"라고 교훈하고 있습니다.

3) 주변에 음녀의 길을 따르다가 망하는 것을 보면서 경계를 삼아야 합니다 (26절).
"대저 그가 많은 사람을 상하여 엎드러지게 하였나니 그에게 죽은 자가 허다하니라"

이 말씀은 '그녀가 많은 사람을 상하여 죽게 하였고 수다한 강한 자들을 사망에 이르게 했다(many strong men have been slain by her, KJV)'라는 말입니다. 실로 우리 주변에도 음란한 일로 패가망신하는 일들을 자주 봅니다. 지혜로운 자들은 이런 일들을 보면서 오히려 경계를 삼아야 할 것입니다. 고어에 타산지석(他山之石)이라는 말이 그런 뜻을 가진 말입니다.

4) 망할 길과 흥할 길이 어디인지를 알고 살아야 합니다(27절).
"그의 집은 스올의 길이라 사망의 방으로 내려가느니라"

이 구절 역시 '음녀의 집은 음부로 내려가는 많은 길의 근원이다'라고 이해를 하는 것이 좋습니다. 음녀는 여러 방법을 동원하여 많은 사람들을 범죄케 하며 결국은 생명이 있는 사람들과는 멀리 떨어져서 다시는 돌아올 수 없는 은밀한 곳인 '음부', 곧 '스올' 곧 지옥에 처박히고 마는 것입니다

(2:18; 5:5; 9:18).

젊다는 것은 참 좋습니다. 그러나 젊기 때문에 유혹을 많이 받습니다. 그러기 때문에 젊을 때 더 조심해서 살아야 합니다. 그러나 많은 사람들이 지혜롭지 못하게 어리석은 길을 갑니다. 그 길이 망하는 길인지 모릅니다. 아니, 알면서도 그 길을 갑니다. 우선 육체적인 쾌락을 즐기는 것이 좋게 느껴지기 때문입니다. 그래서 하나님께서 시편 119:9에서 말씀하십니다. "청년이 무엇으로 그 행실을 깨끗이 하리이까 주의 말씀을 따라 삼갈 것이니라"
하나님의 말씀을 따라 사는 길이 유혹을 이기며 하나님을 기쁘시게 해드리는 행복한 삶의 방식입니다.

8 장

　여기에서 저자는 지혜를 음녀와 대비해서 설명하고 있습니다. 그런데 지혜를 단순하게 윤리적인 면에서만 다루지 않고 사람의 삶에서 모든 부분에 가장 필요한 것으로 설명합니다. 지혜는 하나님을 경외하는 것입니다. 따라서 하나님의 사람들은 하나님을 잘 믿는 방법을 알아야 합니다.

1. 지혜로의 초대(8:1-11)

1) 지혜와 명철의 소리 지름(1절)

"지혜가 부르지 아니하느냐 명철이 소리를 높이지 아니하느냐"

이 부분에서 지혜가 부르며, 명철이 소리를 높이고 있습니다(1절). 여기서 말하는 '지혜'란 하나님을 경외하는 지혜입니다. 그리고 '명철'도 같은 의미로 시적인 대구를 이루는 표현을 쓰고 있습니다. 이렇게 지혜와 명철이 소리를 높이는 것은 이사야 선지자가 "하늘이여 들으라 땅이여 귀를 기울이라 여호와께서 말씀하시기를 내가 자식을 양육하였거늘 그들이 나를 거역하였도다"(사 1:2)라고 탄식한 것처럼 복음을 듣고도 믿지 않는 불신자들을 향한 탄식인 것입니다.

2) 공개적인 초대(2-3절)

"그가 길 가의 높은 곳과 네거리에 서며 성문 곁과 문어귀와 여러 출입하는 문에서 불러 이르되"

지혜와 명철이 사람들을 초대하되 '길 가의 높은 곳과 네거리' 그리고 '성문 곁과 문 어귀와 여러 출입하는 문에서' 합니다. 이는 복음이 은밀하게 전파되는 것이 아니라 모든 사람들이 알아들을 수 있도록 공개적으로 이루어짐을 보여줍니다. 이처럼 복음은 공개적으로 모든 사람들을 하나님께로 초대하고 있습니다. 그런데도 복음을 믿지 않는 사람들이 있다면 그런 사람은 '영생을 주기로 작정된 자'가 아니든지 아니면 아직 때가 되지 않았기 때문일 것입니다. 어쨌든 이런 공개적인 초대에도 복음을 듣지 않거나 하나님을 외면하는 사람들은 어떤 이유로도 핑계하지 못할 것입니다.

3) 복된 권면(4-5절)

"사람들아 내가 너희를 부르며 내가 인자들에게 소리를 높이노라"는 4절

의 말씀 중에 '소리를 높이는 자'는 높은 사람을 말하고, '인자'는 낮은 사
람을 말합니다. 이런 관계는 복음이란 누구나 들어야 할 말씀임을 시사하고
있습니다.

그리고 5절에서 "어리석은 자들아 너희는 명철할지니라 미련한 자들아
너희는 마음이 밝을지니라"는 말씀은 지금은 하나님을 알지 못하기 때문에
'어리석고' '미련한 자'일지라도 복음을 듣고 지혜를 얻어 구원에 이르기를
바라는 사랑이 담겨진 말씀입니다.

4) 지혜의 내용과 그 가치(6-11절)

이 부분에서는 사람들이 왜 지혜의 말씀을 들어야 하는가에 대한 이유가
나와 있습니다.

(1) 지혜는 가장 선하고 정직한 것입니다(6절).

"너희는 들을지어다 내가 가장 선한 것을 말하리라 내 입술을 열어 정직
을 내리라"

(2) 지혜는 진리입니다(7절).

"내 입은 진리를 말하며 내 입술은 악을 미워하느니라"

그러기 때문에 사람들은 이 지혜를 은이나 금보다 귀하게 여겨야 합니다.
그래서 11절에서는 "대저 지혜는 진주보다 나으므로 원하는 모든 것을 이에
비교할 수 없음이니라"고 합니다. 그러나 이런 진리를 모르는 사람들 중에
세상의 즐거움 때문에 주일도 지키지 못하고, 돈 때문에 신앙양심도 포기하
기도 합니다. 그러면 안 됩니다. 지혜 곧 하나님의 말씀과 하나님을 섬기는

믿음이 가장 귀한 것을 깨닫는 사람마다 하나님의 은총도 얻고 진주도 얻는 것입니다.

5) 지혜가 가져다주는 유익(12-21절)

12절에서 '나 지혜는' 이라는 말이 나오는데 여기서 '지혜' 는 그리스도요, 하나님의 말씀입니다.

(1) 그리스도는 명철한 자와 함께 하십니다(12절).

"나 지혜는 명철로 주소를 삼으며"

(2) 그리스도는 하나님의 기쁘신 뜻을 분별해서 아는 자와 함께 하십니다 (12절).

"나 지혜는 명철로 주소를 삼으며 지식과 근신을 찾아 얻나니"

(3) 하나님을 경외하는 마음을 주십니다(13절).

　① 여호와를 경외하는 것은 악을 미워하는 것입니다(13절).

"여호와를 경외하는 것은 악을 미워하는 것이라"

　② 여호와를 경외하는 것은 악행을 미워하는 것입니다(13절).

"나는 교만과 거만과 악한 행실과 패역한 입을 미워하느니라"

자신을 뽐내는 교만과 거만은 그리스도께서 아주 싫어하시며 또 미워하시는 죄입니다. 그리고 남의 인격을 모독하고 악한 험담을 하는 '패역한 입'을 가진 사람도 그리스도께서 아주 싫어하십니다. 그러므로 하나님의 사람들은 이런 교만과 덕스럽지 못한 말을 조심 없이 내뱉는 그런 악한 일은 버려야 합니다. 그것이 여호와를 경외하는 모습입니다. 하나님을 잘 믿으려면 하나님의 기호에 맞추어 살아야 합니다. 하나님께서 싫어하시는 것은 하지 말고, 하나님께서 좋아하시는 것은 열심히 하려고 해야 합니다. 그러면 하나님께 사랑을 받게 됩니다.

6) 지혜는 사회를 잘 다스리는 데에도 큰 영향을 끼칩니다(14-16절).

"내게는 계략과 참 지식이 있으며 나는 명철이라 내게 능력이 있으므로"

하나님께서는 지혜로 세상만물을 지으시고 다스리십니다. 그러기 때문에 하나님의 사람들은 하나님께 다스림의 지혜를 얻어야 합니다.

"나로 말미암아 왕들이 치리하며 방백들이 공의를 세우며 나로 말미암아 재상과 존귀한 자 곧 모든 의로운 재판관들이 다스리느니라"

하나님의 다스림의 지혜와 능력을 받은 사람은 자기의 가정도 잘 다스리며, 자기가 속한 사회 그리고 더 큰 사회도 잘 다스릴 수 있습니다. 그러므로 하나님을 잘 경외하는 자가 참 지도자가 될 수 있습니다.

7) 지혜는 그것을 수용하여 품고 사는 사람들을 복되게 합니다(17-21절).

(1) 하나님을 사랑하는 자에게 하나님은 사랑을 베푸십니다(17절).
"나를 사랑하는 자들이 나의 사랑을 입으며"

(2) 하나님을 찾는 자가 하나님을 만납니다(17절).

그러므로 하나님께 사랑을 받느냐 못 받느냐, 그리고 하나님을 만나느냐 못 만나느냐 하는 것은 자기 할 탓입니다. 하나님의 사랑만 기다리는 그런 사람이 아니라 내가 먼저 하나님을 사랑해야 합니다. 그것이 맞는 순서입니다. 왜냐하면 하나님께서는 이미 우리를 먼저 사랑해 주셨기 때문입니다.
"우리가 사랑함은 그가 먼저 우리를 사랑하셨음이라"(요일 4:19)

(3) 그리스도를 소유한 자는 영육 간에 필요한 복을 받게 됩니다(18절).
"부귀가 내게 있고 장구한 재물과 공의도 그러하니라"

(4) 사람에게 필요하고 좋은 것이 부귀만은 아닙니다. 하나님께서 주시는 열매는 정금보다 더 낫습니다(19절).
"내 열매는 금이나 정금보다 나으며 내 소득은 순은보다 나으니라"
그러기 때문에 물질적으로 넉넉하지 못해도 진정으로 만족하고 감사하며 사는 사람이 많습니다. 하나님께서 주시는 은혜와 평강 때문에 말입니다.

(5) 그럴지라도 역시 재물은 사람이 이 세상을 살아가는 데 좋은 방편이 됩니다(21절).
믿음이 있는 사람에게 재물이 주어지면 그 재물로 하나님께서 기뻐하시는 많은 일을 할 수 있기 때문입니다. 이왕이면 우리 모두 믿음에도 부자가 되고, 물질적으로도 부요하게 되어 몸과 마음뿐 아니라 물질로도 하나님을 기쁘시게 해드리는 많은 일들을 할 수 있기를 소원합니다.

8) 지혜의 성격(22-31절)

잠언서에서는 '지혜' 가 주제가 되고 있습니다. 그런데 '지혜' 라는 말은 여러 의미로 사용됩니다. 여기서 '지혜' 는 인격화되었으며 22절에서 "여호와께서 그 조화의 시작 곧 태초에 일하시기 전에 나를 가지셨으며"라고 하는데 여기서 말하는 '나' 곧 '지혜' 는 그리스도를 의미합니다. 이 말씀을 가장 잘 반영해 주는 말씀이 요 1:1-3의 말씀입니다.

"태초에 말씀이 계시니라 이 말씀이 하나님과 함께 계셨으니 이 말씀은 곧 하나님이시니라 그가 태초에 하나님과 함께 계셨고 만물이 그로 말미암아 지은 바 되었으니 지은 것이 하나도 그가 없이는 된 것이 없느니라"

그런 의미에서 지혜는 영원합니다. 그리스도의 시작은 '태초' 입니다(22절).

"만세 전부터, 태초부터, 땅이 생기기 전부터 내가 세움을 받았나니 아직 바다가 생기지 아니하였고 큰 샘들이 있기 전에 내가 이미 났으며 산이 세워지기 전에, 언덕이 생기기 전에 내가 이미 났으니 하나님이 아직 땅도, 들도, 세상 진토의 근원도 짓지 아니하셨을 때에라" (23-26절)

그리고 그리스도는 앞으로도 영원하실 것입니다. 그리스도는 알파와 오메가가 되시기 때문입니다(계 1:8).

그리고 30-31절에서 "내가 그 곁에 있어서 창조자가 되어 날마다 그의 기뻐하신 바가 되었으며 항상 그 앞에서 즐거워하였으며 사람이 거처할 땅에서 즐거워하며 인자들을 기뻐하였느니라"라는 말씀을 보면 그리스도께서는 이 세상 사람들을 너무 사랑하시는 분이십니다. 그래서 그리스도이신 예수님께서 사람들을 살리기 위해 대신 십자가에 달려 죽으시기까지 하신 것입니다. 그리스도께서는 지금도 우리를 이처럼 사랑하고 계십니다. 그러니 지혜를 얻는 우리는 행복한 사람들입니다.

9) 지혜의 권면(32-36절)

⑴ "아들들아 이제 내게 들으라 내 도를 지키는 자가 복이 있느니라"(32절)

자식을 향한 부모의 사랑은 따뜻한 그리고 간절한 권면으로 나타납니다. 무엇보다 하나님의 말씀에 귀를 기울이고 사는 것이 복되게 사는 첫걸음입니다.

⑵ "훈계를 들어서 지혜를 얻으라 그것을 버리지 말라"(33절)

가치를 모르는 사람은 귀한 것을 손에 쥐었다가도 곧 버립니다. 그래서 예수님께서도 교훈하시기를 "거룩한 것을 개에게 주지 말며 너희 진주를 돼지 앞에 던지지 말라 그들이 그것을 발로 밟고 돌이켜 너희를 찢어 상하게 할까 염려하라"(마 7:6)고 하셨습니다. 그리스도의 지혜, 하나님의 말씀은 귀한 것입니다. 따라서 우리는 하나님의 말씀에 귀를 기울이고 한마디라도 더 들으려 해야 하고, 들은 말씀은 가슴에 품고 지켜 살려고 해야 합니다(34절, 계 1:3).

⑶ "대저 나를 얻는 자는 생명을 얻고 여호와께 은총을 얻을 것임이니라 그러나 나를 잃는 자는 자기의 영혼을 해하는 자라 나를 미워하는 자는 사망을 사랑하느니라"(35-36절)

사람이 해결해야 할 가장 큰 문제는 '생명을 얻는 일'입니다. 사람은 아담과 하와의 타락과 동시에 함께 영원한 생명을 잃어버렸기 때문입니다. 그런 사람들에게 하나님께서는 잃어버린 생명을 회복할 축복으로 그리스도 예수님을 보내 주셨습니다. 누구든지 그리스도 예수님을 '얻으면' 생명도 얻습니다. 그러나 예수 그리스도를 잃은 사람은 영원한 생명도 잃어버리게 됩니다.

우리는 예수님을 통해 영원한 생명을 얻게 되었고, 하나님의 자녀로 이 세상을 사는 은총도 얻었습니다. 그러므로 늘 생명을 주신 하나님께 감사하며 하나님을 기쁘시게 해드리며 살아야 합니다. 그리고 이 진리를 아직도 알지 못해서 '지혜'를 얻지 못한 자들에게 우리도 '길 가의 높은 곳과 네거리' 그리고 '성문 곁과 문 어귀와 여러 출입하는 문'에 서서 지혜를 외쳐야 합니다. 이것이 우리의 도리이자 주님께서 명하신 사명입니다.

<h1 style="text-align:center">9 장</h1>

이 세상의 역사도 전쟁의 역사입니다. 아니 우리의 삶 자체가 전쟁터에서 살아가는 것과 같습니다. 영의 세계도 마찬가지입니다. 그리스도와 마귀는 우리를 두고 서로 싸웁니다.

본 장에서는 이 두 세력 간에 싸우는 모습이 소개됩니다. 특히 본 장에서 그리스도는 지혜로 비유되고 마귀는 죄로 비유되어 우리를 부릅니다. 우리는 둘 중에 한편을 따라 살아갑니다. 과연 당신은 어느 편을 따르렵니까?

1. 지혜의 부름(9:1-12)

1) 지혜가 마련한 준비(1-3절)

"지혜가 그의 집을 짓고 일곱 기둥을 다듬고 짐승을 잡으며 포도주를 혼
합하여 상을 갖추고 자기의 여종을 보내어 성중 높은 곳에서 불러 이르기
를"

(1) 보통의 경우 손님을 초대하기 위해 손님을 맞이할 준비를 합니다.

지혜가 우리를 위해 준비한 것들이 무엇입니까?

① 궁전입니다.

일곱 기둥을 다듬어 만든 궁입니다(1절).

② 맛있는 음식이 가득한 잔칫상입니다(2절).

– 짐승을 잡습니다.

– 포도주를 혼합합니다.

– 다른 음식들을 마련해 상을 차립니다.

위와 같은 집과 잔칫상은 지혜를 따르는 자들에게 약속하는 복을 의미합
니다. 나아가 예수 그리스도를 믿는 성도들에게 약속한 천국의 상급을 의미
합니다. 그 집은 예수님께서 승천하시면서 성도들에게 약속하신 '우리를 위
해 예비된 처소', 곧 '천국'을 의미합니다.

2) 지혜가 부르는 소리(4-6절)

"어리석은 자는 이리로 돌이키라 또 지혜 없는 자에게 이르기를 너는 와
서 내 식물을 먹으며 내 혼합한 포도주를 마시고 어리석음을 버리고 생명
을 얻으라 명철의 길을 행하라 하느니라"

⑴ 지혜이신 그리스도께서는 우리를 가장 좋은 곳으로 오라고 부르십니다.

⑵ '그 여종'을 통해 부르십니다.

여기서 말하는 '그 여종'이란 예수님께서 메신저로 불러 사용하시는 그리스도의 사자들을 말합니다. 그리스도의 사자는 오늘날 목사와 전도자들입니다.

⑶ 누구나 듣고 올 수 있도록 부르십니다(3절).

그리스도께서 어느 제한된 공간이나 비밀스런 장소에서 은밀하게 부르시는 것이 아닙니다. '성중 높은 곳에서' 부르십니다. 그리스도의 공개적인 복음 초대를 보여주는 말씀입니다.

⑷ 어리석은 자들을 부르십니다(4절).

예수님께서는 의인을 부르러 오신 것이 아니라 죄인을 부르러 오셨다(마 9:13)는 말씀과 같습니다. 예수님께서 수고하고 무거운 짐 진 가엾은 자들을 부르시는 말씀(마 11:28)과도 같습니다.

⑸ 먹고 마시며 풍족히 살기를 원하십니다(5절).

이것은 육신적인 쾌락을 즐기라는 말이 아닙니다. 오히려 영적인 풍요로움과 즐거움을 주님과 함께 누리라는 말입니다. 사람은 그렇게 살도록 지어진 존재들입니다. 그러므로 사람은 주님 안에 거할 때 만족함이 있고 그럴 때 비로소 행복한 것입니다.

(6) 어리석고 미련한 자라도 '이리로 돌이키라' 고 하십니다. 명철의 길로 오라고 하십니다(6절).

사람은 떠난 곳으로 와야 합니다. 사람은 잃어버린 것을 찾아야 합니다. 그것이 회복이자 구원입니다.

3) 지혜의 종 된 자들이 해야 할 일들(7-9절)

"거만한 자를 징계하는 자는 도리어 능욕을 받고 악인을 책망하는 자는 도리어 흠이 잡히느니라 거만한 자를 책망하지 말라 그가 너를 미워할까 두려우니라 지혜 있는 자를 책망하라 그가 너를 사랑하리라 지혜 있는 자에게 교훈을 더하라 그가 더욱 지혜로워질 것이요 의로운 사람을 가르치라 그의 학식이 더하리라"

(1) 교훈을 더하고 가르쳐야 합니다.

주님은 사람들을 초대하는 일을 주님의 사자들을 통해 이루십니다. 주님의 사자 된 자들이 해야 할 일은 사람들에게 주님의 초대를 전하는 일입니다. 주님의 사자가 되어 주님의 초대를 전하는 것은 전도하는 일입니다. 그러므로 주님의 초대를 전하는 사람은 영광스런 사람이요, 하나님의 영광스런 일을 하는 사람입니다.

(2) 멀리해야 할 사람을 멀리해야 합니다.

① 멀리해야 할 사람

　– 거만한 자(7절)

- 악한 자(7절)

여기서 말하는 '거만한 자' 란 지혜로운 자의 신앙적이고 도덕적 삶을 조롱하며 그들이 하는 지혜의 교훈을 멸시하며 적극적으로 훼방하는 사람들을 말합니다. 이런 사람들은 교훈을 하기에 부적절한 사람들로서 더 이상 교훈을 할 경우 오히려 멸시와 조롱을 받게 될 것입니다(마 7:6; 24:9). 이런 악한 사람들은 하나님께 맡기고 지혜로운 사람들에게 교훈을 하는 것이 나을 것입니다. 이런 사람들은 이미 하나님의 심판만을 기다리는 완악한 자들이기 때문입니다. 그러나 그런 경우라도 우리가 섣불리 전도할 사람들을 판단하여 전도대상에서 제외하는 누를 범하지 않도록 조심해야 합니다.

② 가까이해야 할 사람
- 지혜가 있는 사람(9절)
- 의로운 사람(9절)

여기서 말하는 '지혜' 가 있고, '의' 가 있다는 사람은 주님께서 보실 때 그런 사람이라는 말이 아니라 그래도 말을 할 때 들을 만한 인품이 되어 있는 사람을 말합니다. 그러나 우리가 만나 상대하는 사람이 그런 사람인지 아닌지는 정확하게 알 수 없습니다. 그러기 때문에 복음을 전하기에 객관적으로 전혀 불가능해 보이는 사람이 아니라면 일단 그 사람의 영혼을 사랑하는 마음으로 복음을 전해야 합니다. 그러다가 그 사람이 복음을 받아들이지 않고 완악하게 거절한다면 그런 사람 때문에 상처를 받거나 그런 사람에게 효과 없는 노력을 계속할 필요는 없습니다.

그리고 복음을 전할 때 복음을 받아들이는 사람에게는 더 적극적으로 진리를 가르쳐서 '지혜자' 로 살도록 해야 합니다. 그것이 '양육' 이자 '제자 삼는 일' 입니다.

4) 지혜의 초대를 받은 자가 알아야 할 것들(10-12절)

"여호와를 경외하는 것이 지혜의 근본이요 거룩하신 자를 아는 것이 명철이니라 나 지혜로 말미암아 네 날이 많아질 것이요 네 생명의 해가 네게 더하리라 네가 만일 지혜로우면 그 지혜가 네게 유익할 것이나 네가 만일 거만하면 너 홀로 해를 당하리라"

(1) 지혜의 근본과 명철이 무엇인가를 알아야 합니다.

여호와를 경외하는 것이 지혜의 근본입니다. 그리고 거룩하신 자를 아는 것이 명철입니다. 이 두 가지가 사람이 알아야 할 가장 기본적인 지식입니다. 이것이 삶의 기초가 되어야 합니다. 이 기초 위에 쌓은 것이라야 삶에 가치가 있습니다.

(2) 지혜와 같이 하는 삶이 행복에 이르는 길입니다(11절).

지혜를 얻은 사람들이 누리는 복 중에 '네 날이 많아질 것이요' 라는 것은 잠 3:2에서 언급한 '장수' 라는 말과 같습니다. '장수(長壽)' 란 생명의 해가 더해지는 것으로서 오래 산다는 의미만 아니라 질적 측면에서의 건강하게 '행복한 삶의 날들' 을 오래 누리게 된다는 것입니다. 이러한 축복은 온전한 여호와를 통해서만 주어졌다는 점에서 축복의 진정한 주체가 바로 지혜의 근원이 되신 하나님인 것입니다.

(3) 지혜와 같이 하는 삶은 건강을 가져다주고 영생까지 보장합니다.

5) 마귀의 초대

마귀도 여러 모양으로 사람을 초대합니다.

(1) 미련한 여인을 통해 초대합니다(13-15절).

"미련한 여인이 떠들며 어리석어서 아무것도 알지 못하고 자기 집 문에 앉으며 성읍 높은 곳에 있는 자리에 앉아서 자기 길을 바로 가는 행인들을 불러 이르되"

여기에서 '미련한 여인'이란 마귀의 종이 되어 마귀가 의도하는 일을 행하는 자들을 말합니다. 그런 자들을 '미련하다'고 하는 것은 마귀를 따르는 것이 죄를 짓는 일이고, 그렇게 살면 지옥에 간다는 것을 양심으로 알면서도 그 길을 따르기 때문입니다.

(2) 마귀의 초대도 공개적으로 합니다(14절).

마귀가 '자기의 길로 가는 행인들'을 부르듯이 오늘날 마귀는 첨단의 문명을 이용해서 많은 사람들을 부르고 있습니다. 은밀하고도 치밀하게, 공개적인 문명매체를 통한 마귀의 유혹이 계속되고 있습니다. 어린이들과 청소년 그리고 분별력이 없는 젊은이들은 화려한 문화 속에 숨겨진 마귀의 악랄한 발톱을 알지 못합니다. 이들을 마귀로부터 지켜야 하는 사명이 교회와 우리 하나님의 사람들에게 있습니다.

(3) 누구나 오라고 초대합니다(15절).

그리스도께서 사람들을 초대하는 것과 비슷합니다. 그러나 다릅니다. 그리스도께서 사람들을 초대하는 것은 생명과 축복으로 초대하지만, 마귀는 거짓말을 통해 사람들을 멸망의 길로 유혹하기 때문입니다.

(4) 마귀의 초대는 망하게 하려는 초대입니다. 그러므로 마귀의 초대는 유혹이고 미혹입니다.

도적질한 물이 달다고 합니다(17절). 몰래 먹는 떡이 맛있다고 합니다(17절). 죽은 자가 그의 곳에 있는 것과 그의 동료들이 음부에 있는 것을 알지 못합니다.

이 세상은 광고가 넘치는 세상입니다. 광고는 우리를 손짓하며 부르는 것입니다. 오라는 곳이 많다고 가서 다 유익한 것이 아닙니다. 그러기 때문에 오라고 초대를 해도 가야 할 것인가, 가지 말아야 할 것인가를 잘 판단해야 합니다. 마귀는 모든 수단과 방법을 동원하여 우리를 오라고 손짓합니다. 들어보면 관심이 갑니다. 말대로 될 것 같습니다. 그러나 마귀의 손짓은 그 무엇이든 종국이 수치요, 멸망입니다.

하나님의 말씀에 순종해 사는 것이 우리를 행복으로 인도하는 유일한 길입니다. 우리가 그 길을 가고 있습니다. 이 길을 우리가 가기까지 누군가 나를 위해 기도하며 이 길로 인도한 사람들이 있었기 때문입니다. 이제 내가 누군가를 그리스도의 길로 인도하는 길잡이, 인도자가 되어야 합니다.

10 장

1. 두 종류를 구분할 줄 아는 지혜

본 장은 "솔로몬의 잠언이라"는 말로 시작합니다. 이 표현은 잠언 1:1에 이어 두 번째로 등장하는 것으로서 이는 10장에서부터는 새로운 시작을 알리려는 표현입니다.

지금까지는 주로 젊은 아들들에게 음행을 피하라는 권면과 충고성의 교훈을 했지만 이제 그 대상과 내용을 보다 실제적으로 교훈을 하려는 것입니다. 그러나 그 표현 형식에 있어서는 단어의 중복을 피하고 대조 문구의 형식을 살리기 위해 번갈아 가며 개별적으로 쓰이는 면은 이전과 비슷합니다.

1) 두 종류의 아들(자녀)(1절)

"지혜로운 아들은 아비를 기쁘게 하거니와 미련한 아들은 어미의 근심이니라" (1절)

지혜로운 자녀와 미련한 자녀가 있습니다. 지혜로운 자녀와 미련한 자녀는 다릅니다. 지혜로운 자녀는 여호와를 경외하며 말씀대로 살기 때문에 자신도 잘되고 부모에게도 기쁨이 됩니다. 그러나 미련한 자녀는 자기 소욕대로 살기 때문에 자신도 혼란스럽고, 그 부모에게도 근심을 안겨줍니다.

2) 악인과 의인의 소욕(2-3절)

"불의의 재물은 무익하여도 공의는 죽음에서 건지느니라 여호와께서 의인의 영혼은 주리지 않게 하시나 악인의 소욕은 물리치시느니라"

의인과 악인이 있습니다. 의인과 악인은 다릅니다. 의인은 경제활동을 정당한 방법으로 벌고 소유하고 사용하는 것을 의리로 알고 살아갑니다. 그런 사람을 하나님께서는 '죽음에서도 건지십니다' (3절). 악인은 불의한 방법으로 경제활동을 합니다. 그래도 많은 것을 손에 쥘 수 있습니다. 그러나 그런 재물은 무익합니다.

3) 부지런한 자와 게으른 자(4-5절)

"손을 게으르게 놀리는 자는 가난하게 되고 손이 부지런한 자는 부하게 되느니라 여름에 거두는 자는 지혜로운 아들이나 추수 때에 자는 자는 부끄러움을 끼치는 아들이니라"

하나님의 사람들은 부지런해야 합니다. 하나님은 부지런한 사람을 좋아하십니다. 하나님께서는 부지런하게 일하는 사람을 도우십니다. 그래서 부지런한 사람을 영육간에 부하게 하십니다. 하나님의 사람들은 하나님의 방법으로 하나님을 기쁘시게 해 드리려는 목적으로 부지런해야 합니다. 열심히 일을 해도 하나님 안에서 하나님의 방법으로 하지 않으면 그 수고가 헛되기 때문입니다.

"의인의 수고는 생명에 이르고 악인의 소득은 죄에 이르느니라"(16절)

마귀는 사람들이 게으르게 살도록 합니다. 마귀는 사람들이 하나님께 복을 받아 사는 것을 싫어하기 때문입니다. 게으른 사람은 가난하게 됩니다. 자신의 생계도 스스로 해결하지 못합니다. 하나님의 사람들은 그런 게으른 삶을 살면 안 됩니다. 하나님의 사람들은 부지런히 일하시는 아버지 하나님을 닮아야 하고, 부지런히 일하시던 예수님을 닮아야 합니다.

4) 의인의 복과 악인의 화(6-8, 11-14, 18-21, 31-32절)

의인은 하나님의 방식으로 살아갑니다. 하나님의 방식이란 하나님께서 성경말씀을 통해 알려주시는 방식입니다. 성경대로 살려고 하면 더 어려움이 많습니다. 그래도 그렇게 사는 것이 결국은 복을 받는 길입니다. 그러나 악인은 사람의 방식대로 살아갑니다. 사람의 방식이란 사람들의 '소견대로' 살아가는 모습입니다. 그런 삶은 우선 편하고 잘되는 것처럼 느껴집니다. 그런 유혹에 분별력을 잃는 사람은 어리석은 사람입니다. 힘이 들어도 원칙대로 사는 습관을 가져야 합니다. 하나님께서는 사람의 방식이 아닌 하나님의 방식대로 살아가는 사람을 기뻐하십니다.

"의인의 머리에는 복이 임하나 악인의 입은 독을 머금었느니라"(6절)

"마음이 지혜로운 자는 계명을 받거니와 입이 미련한 자는 멸망하리라"(8절)

사람은 입의 말에 따라 복을 받기도 하고 화를 받기도 합니다. 악인의 입은 독을 머금습니다(11절). 지혜로운 사람은 입에 '지식' 곧 하나님을 아는 지식이 있습니다(14절). 31절에서 "의인의 입은 지혜를 내어도" 라는 말씀과 같이 의인의 입은 지혜를 말합니다. 32절에서 "의인의 입술은 기쁘게 할 것을 알거늘"이라는 말씀과 같이 의인은 기쁘시게 할 말이 무엇인가를 압니다. 그러다가 지혜로운 사람은 생명에 이르지만, 악인은 머금은 독 때문에 자신이 망합니다. 그래서 하나님께서는 다음과 같이 교훈하십니다.

(1) "의인의 입은 생명의 샘이라도 악인의 입은 독을 머금었느니라" (11절)

(2) "지혜로운 자는 지식을 간직하거니와 미련한 자의 입은 멸망에 가까우니라" (14절)

(3) "말이 많으면 허물을 면하기 어려우나" (19절)

5) 미움과 사랑(12절)

"미움은 다툼을 일으켜도 사랑은 모든 허물을 가리느니라"

미움은 다툼을 일으킵니다. 벧전 4:8의 "사랑은 허다한 죄를 덮느니라"는 말씀과 같이 사랑은 어떤 허물이라도 가리는 능력이 있습니다. 하나님의 사람들에게 가장 필요한 것이 미움을 버리고 서로 사랑하는 것입니다. 상대방의 허물을 덮어주는 것입니다. 이런 사랑이 없이는 하나님의 사람이라고 할 수 없습니다. 나에게 서운하게 한 사람을 아직도 용서하지 못하고 교회에서 서로 얼굴을 피한다든지, 전도회와 구역에서 사무적인 말 외에는 정겨운 말을 나누지 않으면서 신앙생활을 하는 사람이 있다면 그런 사람은 진정한 하나님의 사람이 아닙니다. 그런 사람은 아직도 하나님의 사랑을 모르는 사람입니다. 상대방의 어떤 허물이라도 덮어줄 줄 아는 그런 사랑이 우리에게 필요합니다.

6) 훈계와 징계(17절)

"훈계를 지키는 자는 생명 길로 행하여도 징계를 버리는 자는 그릇 가느니라"

의인은 훈계를 들을 때 그것을 마음에 새기고 지킵니다. 그러나 어리석고 미련한 악인은 훈계를 들어도 지키지 않습니다. 그래서 의인은 생명에 이르지만 악인은 그릇된 길로 가다가 망하는 것입니다.

7) 의인과 악인(20-21절)

"의인의 혀는 순은과 같거니와 악인의 마음은 가치가 적으니라 의인의 입술은 여러 사람을 교육하나 미련한 자는 지식이 없어 죽느니라"

사람은 어떻게 말을 하느냐에 따라 가치가 달라집니다. 의인의 입술은 유익합니다. 순은(천은)과 같은 가치가 있습니다. 그리고 다른 사람을 가르치는 데 유익합니다. 그러나 악인의 입술은 유익하지 못합니다. 악인의 마음과 그의 입술은 가치가 적습니다. 악인은 지식이 없으므로 자신도 죽고 남도 죽게 만듭니다.

8) 여호와의 복(22절)

물질이 많다고 다 복이 되는 것이 아닙니다. 물질이 많아서 오히려 불행해
지는 사람들이 많습니다. 누리는 부(富) 때문에 근심이 되는 것은 복이 아닙
니다. 재물을 얻는 방법이나 그것을 누릴 때에 근심이 있는 것은 복이 아닙
니다.

하나님 안에서 하나님의 축복으로 받는 물질은 누리고 사용할 때에도 근
심이 아닌 보람과 기쁨이 따릅니다. 그러므로 불의한 방법으로 물질을 취하
려는 어리석음에서 벗어나야 합니다. 그리고 경제활동도 정당한 방법으로
하나님 안에서 해야 합니다.

9) 미련한 자와 명철한 자의 낙(23절)

여기서 ‘낙을 삼는다’ 는 말은 삶의 방식을 보여주는 표현으로 ‘습관이 될
정도로 즐긴다’ 는 말입니다. 사람은 무엇을 즐기며 사느냐에 따라 달라집니
다. 미련한 사람은 악을 즐거움으로 삼습니다. 그러나 명철한 사람은 지혜
를 즐거움으로 삼습니다. 그러기 때문에 사람마다 삶의 결과가 다른 것입니
다. 미련한 자가 ‘행악’ 으로 낙을 삼는 것같이 명철한 자는 ‘지혜’ 로 낙을
삼아야 합니다. 미련한 사람은 육체적이며 순간적인 쾌락을 즐거움으로 삼
고 즐기지만 하나님의 사람들은 영원한 즐거움이 보장되어 있기 때문입니
다.

10) 악인과 의인의 성취(24-28절)

사람은 무엇인가 뜻을 품고 그 뜻을 이루기 위해서 힘쓰며 살아갑니다. 그러나 원하는 대로 다 이루어지는 것은 아닙니다. 악인은 평소 두려워하는 일들이 찾아올 것이고, 의인은 평소 자신이 바라는 바가 이루어질 것입니다.

악인은 하나님께서 원하지 않으시는 것을 바라며 살지만, 의인은 자신의 소원이 하나님의 기쁘신 뜻에 기초하기 때문에 바라는 소원이 흔들리지 않는 것입니다.

악인이나 의인이나 복 받아 살기를 바라는 것은 마찬가지입니다. 그러나 악인의 소망은 끊어지게 됩니다. 악인은 처음부터 잘못된 소망을 가지고 있기 때문입니다. 그러나 의인의 소망은 원대로 성취됩니다. 그래서 삶이 즐겁습니다. 사람에게 가장 큰 소망은 '장수' 하는 것입니다. 여기서 말하는 장수는 이 세상에서 오래 사는 것만을 의미하지 않습니다. 이 세상에서 오래 살아도 죽음 이후에 천국에 가지 못하는 사람은 참으로 장수하는 것이 아닙니다. 이 세상에서도 영과 육이 건강하게 오래 살다가 천국에 가는 것이 진정으로 장수하는 것입니다. 예수님을 믿고 하나님의 말씀대로 살면 육신의 건강과 영혼의 건강을 복으로 받게 됩니다.

11) 하나님의 말씀의 능력(29절)

"여호와의 도가 정직한 자에게는 산성이요 행악하는 자에게는 멸망이니라"

하나님의 말씀대로 사는 사람에게 하나님의 말씀은 산성과 같은 역할을 해줍니다. 하나님의 말씀은 믿는 자에게 바른 길로 인도해주며, 안전한 곳으로 인도해주기 때문입니다.

"주의 말씀은 내 발에 등이요 내 길에 빛이니이다" (시 119:105)

그러나 행악자에게는 그렇지 않습니다. 같은 복음이 이 사람에게는 '생명으로 생명에 이르게 하는 향기'가 되지만, 저 사람에게는 '사망으로 사망에 이르게 하는 향기'가 되는 원리와 같습니다(고전 1:18).

12) 의인과 악인의 말(31-32)

"의인의 입은 지혜를 내어도 패역한 혀는 베임을 당할 것이니라. 의인의 입술은 기쁘게 할 것을 알거늘 악인의 입은 패역을 말하느니라"

앞에서 언급한 바와 같이 사람은 자기가 평소 하는 말로 평가를 받습니다. 자신의 말에 따라 의롭게 여김을 받기도 하고 정죄함을 받기도 합니다(마 12:37). 의인은 어떤 말이 사람에게 유익한가를 압니다. 그리고 어떤 말을 하나님께서 기뻐하시고, 어떤 말을 하며 살기를 원하시는가도 압니다. 따라서 의인은 사람에게도 덕을 세우며 살고, 하나님께도 칭찬과 복을 받으며 살게 됩니다. 그러나 악인은 마음속에 어리석음과 악을 품고 살기 때문에 평소 자신의 입에서 나오는 말이 다른 사람에게 유익하지 못하고 자신에게도 유익하지 못합니다. 그래서 악인은 사람들에게도 결국은 인정받지 못하고 하나님께도 버림을 받는 것입니다. 의인과 악인의 이런 차이를 알고 사는 것이 지혜입니다.

11 장

1. 의인과 악인

앞에서 저자는 의인과 악인의 차이가 무엇인지를 구분하여 설명을 하였습니다. 본 장에서는 그들의 삶의 방식에 어떤 이가 있는지 구체적으로 설명 하고 있습니다. 다시 말해서 의인은 어떤 삶을 실천하며 살아야 하는지에 대한 덕행을 상세하게 다루고 있습니다. 참 신앙은 지식으로 머무는 것이 아니라 삶입니다. 따라서 본 장의 말씀은 참 그리스도인들에게 어떻게 살아야 할 것인가에 대한 실제적인 교훈을 줄 것입니다.

1) 상업윤리(1절)

"속이는 저울은 여호와께서 미워하시나 공평한 추는 그가 기뻐하시느니라"

(1) 저울과 추를 공평하게 사용해야 합니다.

저울과 추는 경제생활과 사회생활의 수단을 말합니다. 어떤 기준으로 경제생활과 사회생활을 하느냐에 따라 하나님께 칭찬도 받고, 미움도 받습니다.

(2) 어떨 때 하나님께 미움을 받습니까?

'속이는 저울' 이란 거래를 할 때 부당한 방법으로 상대를 속여 이득을 보는 행위를 말합니다. 정당하지 않는 방법으로 살아가는 것을 하나님께서는 미워하십니다. 하나님께 미움을 받는 사람은 부당하게 취한 것들이 아무리 많아도 행복하게 살지 못합니다.

(3) 어떨 때 하나님께서 기뻐하십니까?

정당한 방법으로 이익을 얻는 것은 당연한 일입니다. 믿는 사람들이라고 해서 언제나 대가 없이 수고만 해야 하는 것은 아닙니다. 하나님께서 기뻐하시는 방법으로 살아갈 때 그렇지 않은 방법으로 사는 사람들보다 이득이 적을지라도 하나님께서는 그 적은 것으로도 만족하며 행복하게 살게 하십니다.

2) 교만과 겸손의 차이(2절)

"교만이 오면 욕도 오거니와 겸손한 자에게는 지혜가 있느니라"

(1) 교만한 자에게는 욕이 찾아옵니다.

교만은 스스로 자신을 높이는 것입니다. 이런 사람은 하나님께 순종하지 않습니다. 사람들도 무시합니다. 자신이 가장 높다고 생각하기 때문입니다. 사람들도 이런 사람을 싫어합니다. 하나님께서도 이런 사람을 싫어하십니다. 그래서 교만한 사람에게 찾아오는 것은 '욕' 곧 수치입니다.

(2) 겸손한 자에게는 지혜가 있습니다.

겸손이란 스스로 자신을 낮추는 것입니다. 이런 사람은 하나님께 순종합니다. 사람들도 존경합니다. 자신이 가장 낮다고 생각하기 때문입니다. 사람들도 이런 사람을 좋아합니다. 하나님께서도 이런 사람을 좋아하십니다. 그래서 겸손한 사람에게 찾아오는 것이 '지혜' 입니다. 그 지혜는 그에게 존경을 얻게 하며, 사람들 앞에서 그의 얼굴을 빛나게 해 줍니다. 겸손한 자가 누구에게 발로 짓밟힐 만큼 비천하게 된다고 하더라도 하나님께서는 그에게 은혜를 주십니다.

3) 정직한 자와 사악한 자의 차이(3절)

"정직한 자의 성실은 자기를 인도하거니와 사악한 자의 패역은 자기를 망하게 하느니라"

(1) 정직한 사람은 성실하게 살다가 흥합니다.

'정직한 사람' 이란 하나님을 인정하고 하나님의 기뻐하시는 뜻대로 사는 사람입니다. '성실하다' 는 말은 하나님의 말씀에 순종해 살아가는 삶을 말합니다. 하나님의 말씀에 순종해 살아가는 사람은 굽은 길로 가지 않습니다. 하나님의 말씀은 언제나 의의 길로 인도하기 때문입니다. 하나님의 말씀에 순종해 살아가는 사람은 방향을 잃지 않습니다. 하나님의 말씀은 언제나 진리의 길로 인도하기 때문입니다. 하나님의 말씀에 순종해 살아가는 사람은 초지일관합니다. 하나님의 말씀은 언제나 한결같기 때문입니다. 정직과 성실은 자신을 안전하고 행복한 길로 인도합니다.

(2) 사악한 사람은 패역하게 살다가 망합니다.

'사악한 자' 란 기만과 거짓을 일삼는 자입니다. 그리고 '패역하다' 는 말은 사람으로서 마땅히 하여야 할 도리에 어긋나고 순리를 거스른다는 말입니다. 이렇게 사는 사람의 결국이 멸망이라는 것은 너무나도 자명한 일입니다. 사람은 뿌린 대로 거두기 때문입니다.

앞으로의 결과를 예측하고, 장차 원하는 결과를 얻기 위해 지금 어떻게 살아야 하는 것을 알고 거기에 맞게 사는 것이 지혜입니다. 그러기 때문에 망하지 않으려면 패역하게 살지 말고 정직하고 성실하게 살아야 합니다.

4) 재물과 의리의 차이(4절)

"재물은 진노하시는 날에 무익하나 공의는 죽음에서 건지느니라"

(1) 재물은 본래 하나님께서 주신 좋은 선물입니다.

재물을 불의한 방법으로 취하거나 불의하게 사용하면 악한 재료가 됩니다. 정당한 방법으로 얻은 재물로 하나님께서 기뻐하시는 일을 많이 하려고 해야 합니다. 재물이 진노의 날에 진노를 면하게 하지 못합니다. 예수님을 믿지 않고 하나님 앞에 바로 살지 못한 사람은 재물이 많아도 구원에 이르지 못합니다.

(2) 공의는 죽음에서도 건짐을 받게 합니다.

공의는 '의리'와도 같은 말입니다. 사람은 하나님과의 관계에 있어서도 의리를 지켜야 하고, 사람과의 관계에서도 합당한 의리를 지켜야 합니다. 믿음으로 의리를 지키며 사는 사람은 이 세상에 사는 동안에도 안전하게 살게 될 것이며, 죽음 이후에 닥칠 하나님의 심판 앞에서도 건짐을 받게 될 것입니다.

5) 의인과 악인의 차이(5-6절)

"완전한 자의 공의는 자기의 길을 곧게 하려니와 악한 자는 자기의 악으로 말미암아 넘어지리라 정직한 자의 공의는 자기를 건지려니와 사악한 자는 자기의 악에 잡히리라"

이 두 구절 말씀은 내용상 같은 것이며 3절의 반복이라고 보입니다. 이것은 중요한 내용이기 때문에 반복해서 강조하는 것입니다.

(1) '완전한 자'와 '정직한 자'는 구원을 받습니다.

'완전한 자'와 '정직한 자'란 하나님의 말씀대로 살아가는 사람을 말합니다. 사람은 타락한 이후 모두 어리석고 악하게 변했습니다. 그러나 그런 자라도 하나님을 믿고 하나님의 말씀대로 살면 하나님의 말씀은 그 사람의 삶에 영향을 주어 곧은 길로 살아가게 합니다. 그래서 어려운 중에도 건짐을 받게 합니다.

(2) 악하고 사악한 사람은 넘어지고 잡히게 됩니다.

악하고 사악한 사람이 본래부터 따로 있는 것이 아닙니다. 같은 사람이라도 자신의 주인이 누구인지를 모르면 누구나 악한 영의 지배를 받기 때문에 악한 사람이 됩니다. 악한 영의 지배를 받는 사람은 악하게 살게 됩니다. 악하게 사는 사람은 자기가 행한 악한 일 때문에 악이 심판 받을 때 함께 심판을 받게 됩니다. 그래서 악한 사람은 '넘어지고 잡히게' 됩니다.

6) 악인과 의인의 소망의 차이(7-8절)

"악인은 죽을 때에 그 소망이 끊어지나니 불의의 소망이 없어지느니라
의인은 환난에서 구원을 얻으나 악인은 자기의 길로 가느니라"

(1) 사람은 누구나 소망을 가지고 살아갑니다.
　① 현세 – 건강, 형통, 행복, 번영 등
　② 내세 – 상급, 칭찬, 평안, 안식 등

(2) 죽음을 맞을 때 악인의 소망은 헛됨이 나타납니다.

사람이 죽으면 하나님 앞에 서서 하나님의 평가를 받아야 하기 때문입니다. 악인은 하나님과 상관없이 살았기 때문에 하나님과 상관없이 가졌던 자신의 '불의한 소망' 은 무너지게 됩니다.

(3) 의인은 환난 중에서도 구원을 얻습니다.

부족하고 허물 많은 사람이라도 하나님을 믿고 하나님의 말씀에 합당하

게 산 사람은 하나님께서 '의인'이라고 여겨주십니다. 이런 의인들은 하나님의 말씀 안에서 하나님께서 주신 소망을 가지고 살아갑니다. 그러기 때문에 의인의 소망은 환난 중에도 이루어지고, 죽음 이후에도 이루어지는 것입니다.

7) 의인과 사특한 자의 언어생활의 차이(9절)

"악인은 입으로 그의 이웃을 망하게 하여도 의인은 그의 지식으로 말미암아 구원을 얻느니라"

(1) 의인은 구원을 얻습니다.

의인은 하나님의 말씀대로 사는 사람입니다. 하나님의 말씀대로 사는 사람은 말을 해도 하나님의 말씀대로 합니다.

① 진실을 말합니다.

② 겸손하게 말합니다.

③ 화평케 하는 말을 합니다.

④ 축복의 말을 합니다.

⑤ 덕스럽게 말합니다.

그러기 때문에 의인은 다른 사람도 구원에 이르게 하고 자신도 구원에 이릅니다.

(2) 사악한 사람은 이웃을 망하게 합니다.

사악한 사람은 거짓으로 남을 기만하는 사람입니다. 그래서 사람을 속이고 이득을 얻고 즐거워합니다. 이웃을 망하게 합니다. 그러나 그런 삶은 오래가지 못합니다. 이웃도 망하게 하고 자신도 망하게 됩니다.

하나님의 사람들은 입의 말을 통해 덕을 세우고, 듣는 사람에게 위로와 소망을 주는 말을 해야 합니다.

이웃에게 가장 유익하고 좋은 말은 '복음'입니다. 전도하는 일에 최선을 다하는 길이 나도 살고 이웃도 사는 길입니다.

8) 의인과 악인의 영향력의 차이(10-11절)

"의인이 형통하면 성읍이 즐거워하고 악인이 패망하면 기뻐 외치느니라 성읍은 정직한 자의 축복으로 인하여 진흥하고 악한 자의 입으로 말미암아 무너지느니라"

(1) 의인의 축복으로 성읍이 진흥하지만, 악한 자의 입은 성읍을 무너지게 합니다.

악한 자의 입에서 나오는 말은 우선 듣기에 편하고 좋게 들립니다. 악한 자의 말은 악하기 때문에 아무리 듣기에 그럴듯해 보여도 지나고 보면 결과가 좋지 않습니다. 그래서 악한 자의 말대로 따른 성읍은 무너지게 됩니다.

의인의 입에서 나오는 축복하는 말은 사람의 생각에서 나오는 말이 아니라 하나님의 뜻에 근거합니다. 그러기 때문에 의인의 기도가 중요합니다. 하나님의 사람들은 누가 알아주지 않아도 자신이 사는 성읍을 위해 축복기도를 해야 합니다.

(2) 의인이 형통하면 성읍이 즐거워하고, 악인이 패망하면 성읍 사람들이 기뻐합니다.

하나님의 사람들이 복을 받으면 그 덕에 우리 동네도 좋아진다는 것을 느끼게 살아야 합니다. 교회가 부흥이 되기 때문에 우리 동네가 더 나빠졌다는 의식이 생기게 하면 안 됩니다. 불신자라도 우리가 하나님의 사람들 때문에 복을 받는다고 여겨지도록 해야 합니다. 불신자들에게는 들려주는 것보다 보여주는 것이 더 중요합니다.

9) 명철한 자와 지혜 없는 자의 차이(12-13절)

“지혜 없는 자는 그의 이웃을 멸시하나 명철한 자는 잠잠하느니라 두루 다니며 한담하는 자는 남의 비밀을 누설하나 마음이 신실한 자는 그런 것을 숨기느니라”

(1) 지혜가 없는 사람의 모습

지혜가 없는 사람은 그의 이웃을 멸시합니다. 그리고 두루 다니며 한담하며 남의 비밀을 퍼뜨립니다. ‘한담하는 자’ 란 ‘혀를 두 개 가진 자’ 라는 뜻과 ‘할 일이 없이 돌아다니며 남의 말을 하는 자’ 라는 뜻을 포함합니다. 다시 말해서 일구이언하는 자(딤전 3:8)가 지혜가 없는 사람입니다.

하나님의 사람들은 할 일이 없이 한가하게 돌아다니면 안 됩니다. 게으른 사람이나 하는 모습입니다. 하나님의 사람들은 부지런해야 합니다. 그리고 자기 입에서 나간 말은 자신에게 부메랑이 되어 되돌아오게 되어 있음을 알아야 합니다. 그것을 모르고 남의 말이라고 해서 함부로 하거나 남이 알아서 유익되지 못한 남의 비밀을 퍼뜨리는 것은 어리석은 일입니다.

(2) 명철한 자의 모습

명철한 자는 이웃에 대해서 잠잠합니다. 남의 비밀을 숨깁니다. 남의 말을 좋게 하는 것이 지혜로운 일입니다. 그리고 남의 허물에 대해서는 입을 다물어야 합니다. 그리고 그 사람을 위해 기도해야 합니다. 그럴 때 이웃에게는 덕스러운 사람이 되고, 하나님께도 용서의 긍휼을 덧입게 될 것입니다.

10) 흥망의 차이(14절)
"지략이 없으면 백성이 망하여도 지략이 많으면 평안을 누리느니라"

(1) 개인이나 나라가 흥망하는 원인은 지략이 있고 없음에 달렸습니다.
'지략' 이란 '도략' 으로 번역이 가능한 말입니다. 그리고 '지략' 이란 '조타수의 조정 기술' 이나 '항공기의 항공술' 을 의미하는 말입니다.

(2) 지략은 하나님께서 하나님의 말씀을 통해 주시는 은사요, 선물입니다.
그러기 때문에 하나님께 이 지혜나 은사를 구해야 합니다. 이런 지략을 가진 사람이 있는 곳은 흥합니다. 내가 이런 지략을 가진 사람이 되어야 합니다. 주변에 이런 지략 있는 사람이 많이 있도록 해야 합니다. 지도자들에게 이런 지략이 있도록 기도해야 합니다. 사람이 아무리 수고를 해도 하나님께서 도와주시지 않으면 안 됩니다.

① 잠언 16:9
"사람이 마음으로 자기의 길을 계획할지라도 그의 걸음을 인도하시는 이는 여호와시니라"
② 시편 127:1

"여호와께서 집을 세우지 아니하시면 세우는 자의 수고가 헛되며 여호와
께서 성을 지키지 아니하시면 파수꾼의 깨어 있음이 헛되도다"

11) 보증을 하고 안 하고의 차이(15절)
"타인을 위하여 보증이 되는 자는 손해를 당하여도 보증이 되기를 싫어
하는 자는 평안하니라"

(1) 자신의 임의대로 재물을 사용하지 말라는 가르침입니다.

재물을 주신 분은 하나님이시기 때문입니다. 나는 재물의 청지기에 불과
하기 때문입니다. 보증으로 인하여 우리 자신이 곤란을 당하거나 가족까지
곤란을 당할 위험이 있기 때문입니다. 미래는 누구든지 자신할 수 없는 일
이기 때문입니다. 자신이 자신에 대해 보증이 되도록 살아야 합니다.

(2) 모든 경우의 보증을 하지 말라는 것이 아닙니다.

보증을 한다면 남을 위해 손해를 당할 각오로 해야 합니다. 보증을 해야
할 경우 책임 있는 보증을 해야 한다는 것입니다. 보증을 소홀하게 할 경우
다른 사람에게 손해를 끼칠 우려가 있기 때문입니다.

12) 유덕한 여자와 근면한 남자의 차이(16절)
"유덕한 여자는 존영을 얻고 근면한 남자는 재물을 얻느니라"

(1) 덕이 있는 여자에게는 존영이 따라옵니다.

덕은 외모에서 오는 것이 아닙니다. 덕은 하나님의 말씀에 순종해 살아갈 때 인품 속에 깃드는 하나님의 선물입니다.

(2) 근면한 남자는 재물을 얻습니다.

게으른 사람에게는 재물이 따르지 않습니다. 빈곤이 따를 뿐입니다. 하나님의 사람들은 부지런하게 살아야 합니다. 우리 아버지께서 부지런하시기 때문입니다. 우리 주님께서 부지런하시기 때문입니다. 하나님께서 부지런한 사람에게 복을 주시기 때문입니다.

그리고 우리는 영혼의 양식을 얻기 위해서도 부지런해야 합니다. 로마서 12:11에서 "부지런하여 게으르지 말고 열심을 품고 주를 섬기라"고 하였습니다.

13) 인자한 자와 잔인한 자의 차이(17절)

"인자한 자는 자기의 영혼을 이롭게 하고 잔인한 자는 자기의 몸을 해롭게 하느니라"

(1) 인자한 사람은 자기를 이롭게 합니다.

인자한 사람은 남에게 편안함을 줍니다. 인자하게 사는 사람은 자신의 영혼을 이롭게 합니다.

① 마태복음 5:7

146

“긍휼히 여기는 자는 복이 있나니 그들이 긍휼히 여김을 받을 것임이요”

② 야고보서 2:13

“긍휼을 행하지 아니하는 자에게는 긍휼 없는 심판이 있으리라 긍휼은 심판을 이기고 자랑하느니라”

(2) 잔인한 사람은 자기를 해롭게 합니다.

잔인한 사람은 남에게 피해를 줍니다. 그러나 그렇게 사는 사람은 결국 자신을 해롭게 합니다. 이스라엘의 잔인한 왕이었던 아합과 이세벨의 경우가 좋은 예가 됩니다(왕상 21:1-26, 22:35).

14) 의인과 악인에 대한 보상의 차이(18절)

“악인의 삯은 허무하되 공의를 뿌린 자의 상은 확실하니라”

(1) 악인의 삯은 허무하게 됩니다.

땀을 흘리며 정당하게 얻어진 열매라야 그것이 사람을 행복하게 만듭니다. 악한 방법으로 쉽게 얻은 열매는 쉽게 떠납니다. 불의한 열매는 불의한 곳에 쓰여지기를 기다리고 있습니다. 결국 불의한 열매는 불행한 일이나 불의한 일에 쓰여집니다. 그래서 악인의 삯은 허무한 것입니다.

(2) 공의를 행한 사람의 상은 확실합니다.

공의를 행하며 산다는 것은 어려운 일입니다. 그러나 공의 속에는 하나님의 약속이 들어 있습니다. 하나님의 약속은 반드시 지켜집니다. 그러기 때문에 공의를 행한 사람의 상은 확실한 것입니다.

① 데살로니가후서 3:13

"형제들아 너희는 선을 행하다가 낙심하지 말라"

② 갈라디아서 6:9

"우리가 선을 행하되 낙심하지 말지니 포기하지 아니하면 때가 이르매 거두리라"

15) 의를 지키는 자와 악을 따르는 자의 차이(19~21절)

(1) 의를 지키는 자에게는 생명이 따르지만, 악을 따르는 자는 사망에 이릅니다(19절).

여기서 '의를 지키는 자' 란 믿음을 지키는 사람입니다. 하나님께서는 믿음을 지키는 사람에게 함께 하시지만, 악을 행하는 사람은 싫어하십니다. 그래서 의인과 악인이 받는 보상은 생명과 사망으로 나눠지게 되는 것입니다.

(2) 마음이 굽은 자는 여호와께 미움을 받아도 행위가 온전한 자는 그의 기뻐하심을 받습니다(20절).

'마음이 굽은 자' 란 아는 것과 행동하는 것이 다른 사람을 말합니다. '행위가 온전한 자' 란 행동이 완벽하다는 말이 아니라 하나님의 말씀 앞에 솔직하고 성실하게 최선을 다하는 사람을 말합니다. 그러기 때문에 하나님의 사람들인 우리는 하나님께 미움을 받게 살아서는 안 됩니다. 하나님 앞에 솔직하게 살아야 합니다. 하나님 앞에 성실하게 살아야 합니다. 그래서 하나님을 기쁘시게 해드리는 우리가 되어야 합니다.

악인들은 아무리 힘을 모아도 망하게 됩니다. 죄인들이라도 예수님의 은혜로 구원에 이르는 것입니다.

16) 삼가는 여인과 삼가지 않는 여인의 차이(22절)

"아름다운 여인이 삼가지 아니하는 것은 마치 돼지 코에 금 고리 같으니라"

여기서 '삼가지 아니하는' 이라는 말은 '맛을 상실함' 이라는 말로서 본래적인 순수함을 잃어버리고 내적으로나 외적으로 행실이 극히 불량해진 상태를 말합니다. 돼지에게(레 11:7; 사 65:4; 마 7:6; 벧후 2:22) 금고리가 전혀 효용가치가 없고 또 어울리지 않는 것처럼, 그런 여인의 미모 또한 오히려 죄악만을 유발시키는 허탄한 것이라는 말입니다. 그러나 삼갈 줄 아는 여인은 잠언 31:30의 현숙한 여인과 같은 것입니다.

사람은 겉이 아름다워야 하지만 속은 더 아름다워야 합니다. 속이 아름다우려면 하나님의 말씀대로 살려고 삼가는 태도를 가져야 합니다. 겉모양은 아름다운데 말이나 행동이 아름답지 못하면 어울리지 않는 일입니다. 사람은 누구나 하나님 안에서 말씀대로 '답게' 살아갈 때 겉과 속이 아름다워지는 것입니다.

17) 의인과 악인의 소원의 차이(23절)

"의인의 소원은 오직 선하나 악인의 소망은 진노를 이루느니라"

사람들은 모두 마음의 소원을 가지고 살아갑니다. 그 소원들은 자신들이 원하는 것들입니다. 사람들은 각자 자신이 품고 있는 그 소원들을 이루기 위해 수고하고 애를 씁니다. 그러나 결과는 다릅니다. 의인의 소원은 선하지만 악인의 소원은 진노를 이루기 때문입니다. 그래서 의인의 소원은 이루어지는 것이 복이지만, 악인의 소원은 성취하는 것이 오히려 저주가 됩니다.

의인들은 하나님을 기쁘시게 해드리고자 하는 목적으로 소원을 가지지만 악인들은 스스로는 선하게 여겨도 하나님께서 보시기에 합당하지 못한 소원들을 가지기 때문입니다.

18) 흩어 구제하는 자와 과도히 아끼는 자의 차이(24-26절)

"흩어 구제하여도 더욱 부하게 되는 일이 있나니 과도히 아껴도 가난하게 될 뿐이니라 구제를 좋아하는 자는 풍족하여질 것이요 남을 윤택하게 하는 자는 자기도 윤택하여지리라 곡식을 내놓지 아니하는 자는 백성에게 저주를 받을 것이나 파는 자는 그의 머리에 복이 임하리라"

구제를 할 경우 자신에게 머물던 재물이 나갑니다. 자기에게 머물던 재물이 자꾸 나가면 한정된 우리 호주머니는 차츰 비게 되어 있습니다. 그런데도 자꾸 나가지만 비어 있지 아니해서 부하게 되는 경우가 있다는 겁니다.

반대로 구제도 하지 않고 자기 것을 애지중지하며 손에 꽉 쥐고만 사는 사람은 자신에게 머물던 재물이 나가지 않습니다. 그러기 때문에 그런 사람은 부하게 될 것 같습니다. 그런데 그렇게 살아도 평생을 경제적으로 어렵게 사는 사람도 있습니다.

왜 그런 일이 벌어질까요? 소유를 많게 하고 적게 하는 것은 하나님께서 주관하시기 때문입니다. 그러기 때문에 하나님께서 기뻐하시는 일에 자신의 소유를 사용할 때 하나님께서는 그 자리가 비어 있지 않도록 채워주십니다. 절약이 중요하지만 그저 아끼기만 한다고 넉넉해지는 것이 아닙니다.

물질은 어려운 이웃과 하나님을 기쁘시게 해드리는 데 사용하라고 하나님께서 맡기신 것입니다. 그것도 잠시 동안 맡기신 것입니다. 그러기 때문에 자기가 가진 것으로 하나님을 기쁘시게 해드리며 사는 사람에게는 하나님께서 그 사람의 삶을 도우십니다. 그래서 그런 사람은 물질이 자꾸 자기에게서 나가는데도 계속해서 새로운 물질이 채워지는 것입니다. 이것은 샘물의 원리와도 같습니다.

제가 어릴 적 우리 동네에는 우물이 하나 있었습니다. 50여 가구가 동네 한가운데 위치한 그 한 우물물을 퍼서 사용했습니다. 온 동네 사람들이 그 우물물을 길어다 마시기도 하고, 빨래를 하는 데 사용하기도 했습니다. 그런데도 그 우물은 언제나 철철 넘쳐흘렀습니다. 그런데 얼마 전에 고향에 가서 그 우물에 가보았더니 놀랍게도 그 우물이 말라 있었습니다. 동네 사람들이 객지로 가면서 우물을 퍼서 사용하는 사람들이 줄어드니까 그 우물물도 줄어들다가 이제는 아예 말라버린 것입니다.

우리의 물질생활도 마찬가지입니다. 샘물은 퍼서 사용할수록 더 맑고 깨끗한 물이 고이는 원리와 같습니다. 그래서 하나님께서는 하나님의 사람들에게 25절에서 "구제를 좋아하는 자는 풍족하여질 것이요 남을 윤택하게 하는 자는 자기도 윤택하여지리라"고 말씀합니다.

19) 의인의 열매와 악인의 열매의 차이(27-31절)

"선을 간절히 구하는 자는 은총을 얻으려니와 악을 더듬어 찾는 자에게는 악이 임하리라 자기의 재물을 의지하는 자는 패망하려니와 의인은 푸른 잎사귀 같아서 번성하리라 자기 집을 해롭게 하는 자의 소득은 바람이라 미련한 자는 마음이 지혜로운 자의 종이 되리라 의인의 열매는 생명나무라 지혜로운 자는 사람을 얻느니라 보라 의인이라도 이 세상에서 보응을 받겠거든 하물며 악인과 죄인이리요"

사람은 무언가 열심히 추구하며 살아갑니다(27절). 의인은 선을 간절히 찾으며 살아갑니다. 악인은 악을 더듬어 찾으며 살아갑니다. 그러나 그 결과는 다릅니다.

(1) 의인은 선을 찾다가 은총을 얻습니다. 그러나 악인에게는 악만 찾아옵니다.

(2) 의인은 영육의 삶이 싱싱한 나무의 무성함처럼 풍성하게 될 것입니다(시 1:3, 92:13, 사 66:14). 그러나 악인은 그렇지 못합니다.

(3) 의인은 자기 집을 복되게 세우지만 악인은 자기 집을 해롭게 합니다.

(4) 의인은 사람을 거느리게 되지만 악인은 의인의 종이 됩니다.

(5) 의인은 생명나무와 같지만 악인은 바람에 나는 겨와 같습니다(시1:4).

겉으로 보기에 같아 보이는 사람이라도 다 다릅니다. 속에 무엇을 품고 사느냐에 따라 삶의 결과도 이렇게 다릅니다. 그러므로 나는 어떤 사람인가를 늘 생각하며 또한 나는 어떤 삶을 살아야 하는가를 늘 기억하며 지혜를 따라 살아야 합니다.

　지금까지 본 장에서는 일반적인 생활에서의 보편적인 지혜와 이웃과의 삶을 통해서 나타나는 실질적인 지혜에 대해서 대비하며 그 차이를 설명하였습니다. 일반적인 지혜는 인간의 수완이나 능력을 의미하지만, 성경적인 지혜는 하나님과의 관계에서 시작되어야 합니다. 그러므로 의인은 항상 하나님과의 관계를 가장 우선순위에 두고 살아야 합니다. 만일 이런 자세를 잃어버린다면 누구든지 어리석은 자와 마찬가지로 하나님을 떠난 물질과 명예와 권세를 삶의 중심에 둘 수밖에 없기 때문입니다.

12 장

하나님의 사람들은 의인과 악인의 차이가 무엇인가를 알아야 합니다. 구원에 이르는 믿음이란 진리에 대해서 머리로만 아는 것이 아니라 알아야 할 것을 알고 나서는 그것을 생활 속에 지켜 사는 것을 말합니다.

본장에서는 의인은 어떻게 살아야 하며, 악인은 어떻게 사는가에 대해서 보여줍니다.

1. 가정생활에서의 차이(12:1-11)

1) 의인과 악인은 훈계와 징계를 받을 때 다르게 반응합니다(1-3절).

(1) 의인은 훈계를 받는 것을 좋아합니다(1절).

훈계란 사랑하는 이가 사랑하는 이에게 바르게 되라고 당부하는 권면입니다. 그 대표적인 예가 부모가 자녀에게 하는 훈계입니다(잠 15:5).

"아비의 훈계를 업신여기는 자는 미련한 자요 경계를 받는 자는 슬기를 얻을 자니라"

이런 훈계는 영적인 부자관계에서 하나님께서 성도들에게 하시는 것도 있습니다(히 12:6).

"주께서 그 사랑하시는 자를 징계하시고 그가 받아들이시는 아들마다 채찍질하심이라 하였으니"

그리고 스승이 가르침을 받는 제자에게 훈계를 합니다. 그럴 때 의인은 그런 훈계를 좋아합니다. 훈계가 때로는 감당하기 어려울지라도 그것은 자신을 사랑하기 때문에 하는 것을 알기 때문이요, 그 훈계 속에는 하나님의 사랑을 알아가고 배우게 하는 '지식'이 있다는 것을 알기 때문입니다.

(2) 악인은 징계를 싫어합니다(1절).

악인은 하나님을 알지 못하고 지혜가 없기 때문에 자기 멋대로 살려고 합니다. 자기 마음대로 행동하려는 것은 성숙하지 못했기 때문이요, 어리석은 일입니다. 자녀로서 부모의 징계를 싫어한다거나 사람으로서 하나님의 징계를 싫어하는 것은 어리석고 미숙하며 본문의 표현대로 짐승과 같은 모습입니다.

(3) 의인과 악인에게 다른 결과가 찾아옵니다(2-3절).

"선인은 여호와께 은총을 받으려니와 악을 꾀하는 자는 정죄하심을 받으리라 사람이 악으로서 굳게 서지 못하거니와 의인의 뿌리는 움직이지 아

'선인' 즉 의인은 훈계를 따라 살기 때문에 여호와께 은총을 받지만, 악인은 하나님께서 싫어하시는 길을 가기 때문에 결국 정죄를 받게 됩니다. 또한 의인은 훈계를 따라 시행착오를 줄이며 살기 때문에 삶의 뿌리가 든든하지만, 악인의 삶은 굳게 서지 못합니다.

① 마 7:26-27

"나의 이 말을 듣고 행하지 아니하는 자는 그 집을 모래 위에 지은 어리석은 사람 같으리니 비가 내리고 창수가 나고 바람이 불어 그 집에 부딪치매 무너져 그 무너짐이 심하니라"

② 시 125:1

"여호와를 의지하는 자는 시온 산이 흔들리지 아니하고 영원히 있음 같도다"

사람은 누구나 가보지 않은 길을 처음으로 걸어가는 여행자처럼 경험해 보지 못한 날들을 살아갑니다. 그러기 때문에 훈계를 들으며 살아야 합니다. 그래야 후회하지 않는 삶을 살아갈 수 있습니다. 자녀로서 부모님의 훈계와 사람으로서 하나님의 훈계를 중히 여기며 살다가 하나님께 인정을 받고 은총을 받는 것이 가장 복된 삶입니다.

2) 의인과 악인은 가정생활을 통해 알 수 있습니다(4-11절).

(1) 의인과 악인은 살아가는 모습이 다릅니다(4절).

"어진 여인은 그 지아비의 면류관이나 욕을 끼치는 여인은 그 지아비의 뼈가 썩음 같게 하느니라”

의인은 어진 여인과 같습니다. 여기 ‘어진 여인’에서 ‘어질다’라는 말은 정신적, 육체적으로 ‘덕망 있고 강직한 성품을 가졌다’는 말입니다. 하나님을 알고 훈계를 들으며 살기 때문입니다. 그렇게 사는 어진 여인은 남편에게 면류관과 같습니다. 어진 여인은 하나님을 중심한 그의 신망 있는 성품으로 자신은 물론 그 남편까지 사람들의 존경과 존귀함을 받게 하기 때문입니다(31:23, 28, 31).

그러나 악인은 어질게 살지 못합니다. 악한 여인도 역시 하나님을 중심하지 않고 자기 본성대로 살아갑니다. 그 결과 그런 여인은 자신은 물론 남편을 실망시키고 부끄러움을 끼치게 됩니다.

(2) 의인과 악인은 생각이 다릅니다(5절).

“의인의 생각은 정직하여도 악인의 도모는 속임이니라”

의인의 생각은 ‘공직’합니다. 공정하고 합법적인 생각으로 산다는 말입니다. 그리고 악인의 생각은 궤휼합니다. 다시 말해서 악인들은 남을 교묘하게 꼬이려는 생각을 가지고 산다는 말입니다. 이렇게 생각이 다르기 때문에 그 입에서 나오는 말과, 몸으로 하는 행동이 다른 것입니다.

(3) 의인과 악인은 말이 다릅니다(6절).

“악인의 말은 사람을 엿보아 피를 흘리자 하는 것이거니와 정직한 자의 입은 사람을 구원하느니라”

의인은 정직한 말을 합니다. 오해를 받고 손해를 볼지라도 정직하게 말합니다. 그러나 악인은 남에게 손해를 끼치는 말을 합니다. 악인의 생각에는 언제나 간사하고 교묘하게 남을 속이려는 ‘궤휼’이 들어 있기 때문입니다.

(4) 의인과 악인은 맞게 되는 결과가 다릅니다(7-8절).

"악인은 엎드러져서 소멸되려니와 의인의 집은 서 있으리라 사람은 그 지혜대로 칭찬을 받으려니와 마음이 굽은 자는 멸시를 받으리라"

의인은 칭찬을 받고, 의인의 집은 안전합니다. 그러나 악인은 멸시를 당하고, 악인의 집은 엎드러집니다. 이런 결과는 당연합니다. 생사화복을 주관하시는 하나님께서 모든 사람을 지켜보시고 각자의 행동에 따라 이 땅에서부터 그것을 다 갚으시기 때문입니다.

(5) 의인과 악인은 살아가는 모습도 다릅니다(9-11절).

"비천히 여김을 받을지라도 종을 부리는 자는 스스로 높은 체하고도 음식이 핍절한 자보다 나으니라 의인은 자기의 가축의 생명을 돌보나 악인의 긍휼은 잔인이니라 자기의 토지를 경작하는 자는 먹을 것이 많거니와 방탕한 것을 따르는 자는 지혜가 없느니라"

의인은 가식이 없이 자신과 자신에게 속한 것들에 대해 성실한 자세로 살아가지만, 악인은 스스로 높은 체하며 교만하게 살아갑니다. 의인은 부지런하며 짐승에게라도 인자하게 대하지만, 악인은 방탕하게 살며 누구에게나 잔인하게 대합니다.

이런 차이를 알고 우리는 어떻게 살아야 할 것인가를 결정해야 합니다. 하나님께서 사람에게 베푸신 은혜 가운데 아주 귀한 것이, 예측하며 살도록 하신 지혜입니다. 이런 말씀을 통해 나의 장래를 예측하면서 그에 합당하게 살아가는 우리가 되어야 합니다.

2. 사회생활에서의 차이(12:12-23)

1) 기본적인 삶의 차이(12절)

"악인은 불의의 이익을 탐하나 의인은 그 뿌리로 말미암아 결실하느니라"

의인은 하나님을 경외하는 믿음과 성실함으로 살아가지만 악인은 불의한 방법으로 이익만 추구합니다. 그리고 의인은 주변의 권고를 들으며 살아가지만 악인은 자신의 생각이나 행동이 언제나 옳다고 착각합니다. 이런 차이는 생각의 차이에서 기인합니다. 이 생각의 차이를 '뿌리의 차이' 라고 할 수 있습니다. 뿌리가 다르면 나무가 다르고 그 열매도 다르듯이 하나님의 말씀에 기초해서 세상을 살아가는 사람과 자신의 생각이나 세상의 악한 문화에 기초하는 사람은 다를 수밖에 없는 것입니다.

'나는 과연 지금 어떤 뿌리에 기초해서 살아가고 있는가?'

2) 언어생활의 차이(13, 17-19, 22-23절)

"악인은 입술의 허물로 말미암아 그물에 걸려도 의인은 환난에서 벗어나느니라"

의인은 진실한 말을 하지만 악인은 거짓을 말합니다. 의인은 말을 조심해서 하지만 악인은 함부로 말합니다. 그 결과 의인은 인정을 받고 환란 중에도 벗어나지만, 악인은 그가 입으로 말한 허물 때문에 망합니다. 의인의 진실하고 덕망 있는 말은 하나님께 인정을 받아도 악인의 거짓된 말은 하나님께 미움을 받습니다.

그래서 14절 말씀에서는 "사람은 입의 열매로 말미암아 복록에 족하며 그 손이 행하는 대로 자기가 받느니라"고 교훈하고 있습니다.

3. 경험에서 발견한 차이(12:24-28)

1) 부지런한 자와 게으른 자(24, 27절)

"부지런한 자의 손은 사람을 다스리게 되어도 게으른 자는 부림을 받느니라"

의인은 부지런하나 악인은 게으릅니다. 의인은 부지런하게 살기 때문에 다른 사람을 지도하는 위치에서 살게 되지만, 악인은 게으르게 살기 때문에 다른 사람의 지배를 받으며 살게 됩니다. 27절 말씀처럼 "게으른 자는 그 잡을 것도 사냥하지 아니하나니 사람의 부귀는 부지런한 것"이기 때문입니다.

2) 마음의 생각(25절)

"근심이 사람의 마음에 있으면 그것으로 번뇌하게 되나 선한 말은 그것을 즐겁게 하느니라"

의인은 선한 마음을 품고 살기 때문에 마음이 언제나 평안합니다. 두려울 것이 없습니다. 하지만 악한 사람은 악한 마음을 품고 살기 때문에 스스로 괴롭습니다. 그리고 삶이 혼란스럽습니다. 사람의 행복은 마음에서부터 시작합니다. 마음에 예수님을 모시고 하나님의 말씀을 간직하고 사는 사람은 행복한 사람입니다.

3) 이웃을 대하는 태도(26절)

의인은 이웃의 인도자, 즉 지도자가 됩니다. 하나님의 사람들은 자신만 예수님을 믿어서 하나님의 자녀로 복되게 사는 것으로 만족하며 살면 안 됩니다. 이웃을 하나님께로 인도하는 사명을 감당해야 합니다. 그러기 위해 하나님의 사람들은 이웃을 하나님께로 인도하기 전에 삶으로 본이 되어야 합니다. 그래서 나도, 이웃도 함께 우리가 하나님께서 보시기에 합당하게 살아야 합니다.

그러나 악인은 선을 모르기 때문에 악하게 살아갑니다. 그럴 뿐 아니라 악인은 이웃을 미혹하려 합니다. 이웃도 자기와 같이 악을 행하기를 원하기 때문입니다. 그러다가 자기가 먼저 그 미혹에 빠집니다. 사람들 앞에서도 수치를 드러내는 것입니다. 그러다가 망하는 것이 악인들의 공식입니다.

4) 인생의 종국(28절)

의인의 길에는 생명이 기다리고 있지만 악인의 길에는 생명 대신에 사망이 기다립니다. 사람은 끝을 향해 나아가는 자들입니다. 그러기 때문에 누구나 인생의 끝이 좋아야 합니다. 시작과 과정이 아쉬워도 끝이 좋으면 그 인생은 좋았다고 말할 수 있을 것입니다. 주님을 모시고 하나님의 말씀대로 사는 지혜로운 삶이야말로 인생의 과정과 끝을 모두 좋게 하는 축복의 길인 것입니다.

본 장 14절에 보면 "사람은 입의 열매로 말미암아 복록에 족하며 그 손이 행하는 대로 자기가 받느니라”는 말씀이 있습니다. 그러므로 우리는 어떤 마음을 품고, 무슨 말을 어떻게 하며, 어떻게 살아야 할 것인가를 깊이 생각하며 살아야 합니다.

13 장

    본 장에서도 하나님의 사람들이 어떻게 살아야 하는가에 대한 생활원리를 교훈하고 있습니다.

1. 훈계를 들을 때의 태도(13:1)

"지혜로운 아들은 아비의 훈계를 들으나 거만한 자는 꾸지람을 즐겨 듣지 아니하느니라" (1절)

1) 자녀는 부모의 훈계를 귀담아들어야 합니다.

부모의 훈계가 없이도 내 인생 내가 알아서 잘 살 수 있다고 생각하는 것은 '자기독단'이요, '교만'이며 '거만한 짓'입니다.

"교만에서는 다툼만 일어날 뿐이라 권면을 듣는 자는 지혜가 있느니라" (10절)

2) 들은 훈계는 두려움을 가지고 조심성 있게 삶 속에 실천해야 합니다.

그럴 때 훈계를 통해 주고자 준비된 '상'을 받게 되는 것입니다.

"말씀을 멸시하는 자는 자기에게 패망을 이루고 계명을 두려워하는 자는 상을 받느니라" (13절)

하나님은 말씀을 경외하고 순종하는 사람들에게 반드시 상을 주십니다. 이 땅에서도 상을 주시고 하늘나라에서도 상을 주십니다. 상은 좋은 것입니다. 더구나 하나님께서 주시는 상은 더 좋습니다. 하나님께 상 받게 살아가는 우리가 되어야 합니다.

3) 자녀가 부모의 훈계를 가슴에 새기고 지켜야 합니다.

자녀가 부모의 훈계를 지켜야 하는 이유는 부모님의 훈계보다 나를 더 위하는 훈계가 없기 때문입니다. 그러나 아무리 좋은 훈계라도 쉽게 잊어버리게 됩니다. 따라서 하나님께서는 그 훈계를 마음에 새기라고 합니다. 마치 글자를 돌에 정으로 새기듯이 마음판에 하나님의 말씀을 새기라는 것입니다. 하나님의 말씀을 자주 읽고, 자주 들으며, 그것을 묵상하며 살아갈 때 그 말씀들은 마음에 새겨질 것입니다. 그리고 마음에 새겨진 말씀들은 자신을 이끄는 지표가 될 것입니다. 그런 사람은 그 말씀을 따라 살기 때문에 성공적인 멋진 인생을 하나님께서 보시기에 합당하게 살게 될 것입니다. 우리가 바로 그런 사람이 되기를 바랍니다.

4) 1절에서 여기서 말하는 '아비'란 자신의 부모만 아니라 지도자와 하나님을 포함하는 말입니다.

따라서 사람은 하나님 아버지의 훈계를 잘 들어야 하고, 자녀는 부모님의 훈계를 잘 들어야 하며, 가르침을 받는 자는 가르치는 지도자의 훈계를 잘 듣고 순종해야 합니다. 그것이 세상을 사는 도리이자 복을 받는 기본인 것입니다.

5) 훈계를 받을 때에는 어떻게 순종해야 합니까?

(1) 이해되지 않아도 순종해야 합니다.

(2) 하기 싫어도 순종해야 합니다.

(3) 하기 힘들어도 순종해야 합니다.

어느 부모님이든 자식을 둔 부모님의 공통된 마음은 자식들이 말씀에 순종하기를 바랍니다. 그러면 우리를 향하신 하나님 아버지의 심정은 어떨 것 같습니까? 마찬가지입니다. 하나님께서도 말씀하실 때 우리들이 듣고 순종하기를 원하시는 것입니다.

6) 하나님의 훈계의 방법

그럼, 하나님은 어떤 방법으로 우리를 훈계하시는 것입니까? 하나님께서는 우리가 어떤 일을 하려고 할 때, 어떤 경우에는 '하라' 고 재촉하기도 하시고 어떤 경우에는 '하지 말라' 고 하십니다.

7) 하나님께서는 우리에게 무엇을 통해 그렇게 하십니까?

(1) 양심을 통해 말씀하십니다.

사람마다 양심이 있습니다. 그 양심에서 나오는 소리를 들을 줄 알아야 합니다. 양심에서 울려 퍼지는 소리를 듣지 못하고 양심과 다르게 살아가는 사람을 '양심을 속이는 사람' 이라고 하고, 또 '양심도 없는 사람' 이라고 합니다. 양심의 소리, 이것은 범죄한 인간이 가지고 있는 최소한의 선의 기준입니다.

(2) 지도자를 통해 말씀하십니다.

우리 앞에 있는 지도자는 하나님께서 세우셨습니다. 특히 교회에서 설교하는 목사는 하나님께서 나를 위해 세우신 하나님의 말씀 전달자입니다. 그러기 때문에 하나님께서는 설교 중에 선포되는 말씀을 통해서 각자에게 말씀하십니다.

(3) 말씀을 들을 때 전하는 설교를 통해 말씀하십니다.

설교를 통해 하나님께서 나에게 말씀하시는 그 말씀을 들을 줄 알아야 합니다. 그래서 회개할 일을 회개하고, 하지 말아야 할 일을 청산하고, 해야 할 일을 깨달아 행하는 것이 바른 신앙생활이자 은혜를 받는 것입니다.

(4) 말씀을 읽을 때 기록된 성경말씀을 통해 말씀하십니다.

그러기 때문에 성경을 읽을 때에는 인쇄된 글자만 소리를 내어 읽을 것이 아니라 그 말씀 속에서 말씀하시는 하나님의 음성을 들으려고 해야 합니다. 그러면 평소에는 별 느낌이 없이 읽었던 말씀이라도 어떨 때에는 그 말씀이 엄한 하나님의 경고로 들릴 때도 있고, 자상한 아버지의 음성으로도 들릴 때가 있습니다. 이런 것을 느끼며 성경을 읽을 때 시간이 가는 줄 모르고 성경을 읽게 되는 것입니다.

(5) 주변 사람들이나 사건을 통해 말씀하십니다.

하나님께서는 자연이나 주변 사람들을 통해서도 깨닫게 하십니다. 때로는 하나님의 음성으로 들리게도 하십니다. 그러기 때문에 우리의 영성이 하나님께 민감하게 반응하도록 해야 합니다. 무디어진 영성으로는 하나님의 세미한 음성을 붙잡을 수 없기 때문입니다.

하나님께서 어떤 방식으로 훈계하실지라도 하나님의 훈계를 외면하지 말아야 합니다. 하나님의 훈계에 순종하여 손해되는 일은 없기 때문입니다.

"훈계를 저버리는 자에게는 궁핍과 수욕이 이르거니와 경계를 받는 자는 존영을 받느니라" (18절)

그리고 부모 된 입장에서는 자녀들을 하나님의 말씀으로 훈계를 잘 해야 합니다.

"매를 아끼는 자는 그의 자식을 미워함이라 자식을 사랑하는 자는 근실히 징계하느니라" (24절)

2. 언어생활의 태도(13:2-3)

"사람은 입의 열매로 인하여 복록을 누리거니와 마음이 궤사한 자는 강
포를 당하느니라 입을 지키는 자는 자기의 생명을 보전하나 입술을 크게
벌리는 자에게는 멸망이 오느니라"(2-3절)

우리는 어려서부터 말을 해왔고, 지금도 늘 말과 함께 생활하기 때문에 말
에 대해 특별한 관심을 갖지 않고 사는 것이 사실입니다. 그러나 우리가 평
소에 어떤 말을 하고 사느냐 하는 것을 깊이 생각해 보아야 합니다. 왜냐하
면 무심코 하는 말 같지만 자주하는 말이 나중에 보면 그 말대로 되는 경우
를 자주 보기 때문입니다. 이런 사실을 여러 번 경험하면서 우리 조상들에
게 속담처럼 되어버린 말이 있습니다. 그것이 무엇인지 아시지요? '말이
씨가 된다.' 이것은 우리 조상들이 경험을 통해 얻은 삶의 지혜이기도 하지
만 그보다 먼저 하나님께서 가르쳐 주시는 성경적인 가르침입니다.

1) 말의 열매

내가 무슨 말을 하든지 나의 입을 통해 나간 말들은 밭에 뿌리는 씨와 같
아서 결국은 말대로 열매가 되어 나에게 되돌아오게 된다는 것입니다.

그러므로 복된 말을 자주 하며 살면 그 복된 말이 복된 열매가 되어 자기
에게 찾아오게 되고, 평소에 저주스런 말을 많이 하면 자기 입에서 나간 저
주스런 말들이 열매가 되어 자신의 삶 속에 임하게 되어 결국은 저주를 받
게 되는 것입니다. 이를 잘 나타내 주는 말씀이 있습니다. 시편109:17-18의
말씀입니다.

"그가 저주하기를 좋아하더니 그것이 자기에게 임하고 축복하기를 기뻐

그러므로 무심코 하는 말이라도 부정적인 말을 하면 안 됩니다. '나는 하는 일마다 안 돼', '나는 못해' 라는 말을 자주 하면 될 일도 안 되게 되어 있습니다. 믿음에서 나오는 확신에 찬 긍정적인 말을 하며 사시길 소원합니다.

2) 다른 사람에게 말을 해도 복된 말을 해야 합니다.

특히 자녀들에게 말을 함부로 하면 안 됩니다. "너는 그것도 못하니?" "네가 그런 일을 할 리가 있겠어?" "빌어먹을 놈, 그러다가는 너 앞으로 빌어먹기나 해도 다행이겠다" 부모가 무심코 하는 이런 말들은 듣는 자녀의 가슴을 칼로 파헤치는 고통을 줍니다.

(1) 얼마 전 미국에서 일어난 총격 사건을 기억하실 것입니다.

'버지니아공대'에서 권총 두 자루로 대학생 32명을 살해한 사건 말입니다. 그 사건이 일어났을 때 긴급뉴스로 보도되기를 범인은 중국계 미국인이라고 했습니다. 그 소식을 듣는 순간 저는 미국에 사는 우리 교포들이 염려되었습니다. 왜냐하면 우리야 한국 사람과 중국 사람을 구분하지만, 외국에서는 중국 사람이나 한국 사람이나 다 같은 아시아 사람으로 취급하기 때문입니다.

그런데 그 끔찍한 범인이 우리나라 사람이라는 소식을 듣고 여러분 많이 놀라셨지요? 저도 그 소식을 접하면서 무척 놀랐고, 부끄러웠고, 한편으로는 같은 또래의 자식을 둔 부모로서 자식을 바르게 키우지 못한 부모의 책임을 느끼기도 했습니다.

'조승희'라는 그 청년이 무슨 이유로 그런 끔찍한 일을 벌였는지 알 수 는 없지만, 사람으로서 그런 일을 저지르면 안 되지요. 그러나 그가 남긴 처절한 글을 보면 우리에게 시사하는 바가 많습니다. 그런 의미에서 그가 남긴 글을 잠시 보시기 바랍니다.

"너는 내 마음을 파괴했고, 나의 영혼을 강탈했고, 나의 양심에 불을 질렀다. 얼굴에 침을 뱉으면 어떤 기분인지, 목구멍에 쓰레기를 밀어 넣는 것이 어떤 기분인지 너는 아는가?

스스로 파멸의 길로 나아가는 것이 어떤 기분인지 아는가?

목구멍이 잘려나간 기분이 어떤지 아는가?

산 채로 불로 지지면 어떤 기분인지 아는가?

십자가 위에서 모욕당하고 십자가에 결박당한 기분을 아는가?

너의 즐거움을 위해 죽기까지 피 흘리도록 내버려진 기분을 아는가?"

여기서 그가 말하는 '너'가 누구인지는 알 수 없습니다. 그러나 그가 누군가에 의해 마음에 큰 상처를 입었고, 정신적으로 대단한 충격을 받았음에 분명합니다.

그가 '너'라는 사람에게 무엇으로 그런 상처를 받았을 것 같습니까? 그것은 조심 없이 내뱉는 말, 말 때문에 상처를 입었을 것입니다. 그의 말대로 그는 얼굴에 침 뱉음을 당하는 모욕감을 당했고, 목구멍에 쓰레기를 밀어 넣는 것 같은 수모와 고통을 받았을 것입니다.

그 상처는 치유되지 못했고 그 상처 속에 자라던 증오와 미움은 결국 32명의 젊은이를 총으로 살해하고 자신은 자살하는 끔찍한 일을 벌이고 만 것입니다. 남을 이해하지 못하고 조심 없이 내뱉는 부정적인 말과 저주의 말이 얼마나 비극적인 열매를 맺는가를 알아야 합니다. 말은 씨가 되어 말대로 열매를 맺기 때문입니다. 그런 예가 성경에 자주 나타납니다.

(2) 다윗이 블레셋 장군 골리앗에게 갔을 때의 일입니다.

이 때 골리앗이 소년 다윗을 향해 말합니다.

"내가 네 고기를 공중의 새들과 들짐승들에게 주리라"

하나님의 사람 다윗에게 저주의 씨를 심은 것입니다. 골리앗이 말한 이 저주의 씨가 곧 열매를 맺었습니다. 그런데 그 열매가 무엇이었으며 그 열매를 누가 거두게 되었습니까? 골리앗의 말대로 사람이 죽어 짐승의 밥이 되는데 누가 그렇게 되었습니까? 그는 다윗이 아니라 다윗을 저주한 골리앗이었습니다. 저주의 말이 저주의 열매가 되어 그에게 돌아온 것입니다.

(3) 또 그런 예가 있지요? 하만의 경우 말입니다.

주전 474년 유대 민족은 나라를 잃고 포로로 잡혀가 바사에 살고 있었습니다. 당시 바사 왕국의 총리대신인 하만은 교활하고 권모술수가 능한 사람이었습니다. 하만이 궁중을 출입할 때 다른 모든 신하들은 무릎을 꿇고 경배하는데 오직 한 사람만 무릎도 꿇지 않고 경배도 하지 않았습니다.

하만이 괘씸히 여겨 자세히 알아보니 포로로 잡혀온 유대인 모르드개가 하나님을 경배하는 믿음 때문에 그러는 겁니다. 하만이 이것을 알고 이 기회를 타서 모르드개를 죽일 뿐 아니라 유대민족을 페르시아 나라에서 전멸시키려고 에스더 3장에서 왕에게 거짓말을 합니다.

"왕이여, 이 나라에 왕의 명령도 복종하지 않고 왕의 법이 아니라 자기들의 특별한 법을 가지고 사는 이상한 민족이 있습니다. 이 민족을 그대로 두면 이 나라에 큰 손해를 입힐 것입니다. 저에게 이 민족을 멸할 권세를 주옵 소서."

그러자 왕은 하만의 말을 받아들였고, 하만은 뜰에 장대를 높이 세웁니다. 그리고 소리를 지릅니다.

"내가 모르드개를 이 장대에 달아 죽이고 유대민족을 쓸어버리겠다."

나중에 어떻게 되었습니까? 그의 입에서 나온 말대로 그 장대에 사람이 달려 죽임을 당합니다. 그런데 그 장대에 달린 사람이 누구였습니까? 모르드개가 아니라 하만 자신이었습니다.

이런 역사적인 사건들이 우리에게 주는 교훈이 무엇입니까? 사람이 복되게 살려면 평소에 복된 말을 하며 살아야 한다는 것입니다. 왜냐하면 인생은 말대로 되기 때문입니다. 지금 우리의 삶은 지난날 우리가 했던 우리의 말과 깊은 관계가 있습니다. 오늘 우리의 삶은 우리 입술의 열매이기 때문입니다.

우리 주변에 있는 사람들을 한번 살펴보시기 바랍니다. 절망적인 말을 입버릇처럼 자주하는 사람이 소망 있는 삶을 살고 있습니까? 말이 거친 사람중에 부드러운 삶을 누리고 있는 이들이 있습니까? 더러운 말이 가득한 사람 중에 깨끗한 생활을 하는 사람이 있습니까? 부정적인 말이 많은 사람 중에 긍정적인 삶을 사는 이가 있습니까? 비방을 일삼는 사람 중에 칭찬을 받으며 사는 이가 있습니까? 과격한 말을 늘 하는 사람 중에 편안하게 살아가는 이가 있습니까? 다른 사람을 무시하는 말을 많이 하는 사람 중에 존경을 받고 사는 이가 있습니까?

아마 이런 이들을 찾기는 쉽지 않을 것입니다. 왜냐하면 지금도 하나님께서는 각 사람의 입술의 열매를 짓고 계시기 때문입니다. 그래서 하나님께서는 벧전 3:10-11에서 이와 같이 교훈하십니다.

"그러므로 생명을 사랑하고 좋은 날 보기를 원하는 자는 혀를 금하여 악한 말을 그치며 그 입술로 거짓을 말하지 말고 악에서 떠나 선을 행하고 화평을 구하며 그것을 따르라"

좋은 날 보기를 원하는 사람은 혀를 금하여 악한 말을 그치고 거짓말하지 말고 선한 말, 복된 말, 긍정적인 말을 하고 살아야 한다는 말입니다. 말이 씨가 된다는 사실을 기억하고 긍정적인 말, 믿음의 말, 복된 말을 하는 여러분 되시길 소원합니다.

3. 두 종류의 사람들(13:4)

"게으른 자는 마음으로 원하여도 얻지 못하나 부지런한 자의 마음은 풍족함을 얻느니라" (4절)

1) 게으른 사람

게으른 사람은 마땅히 해야 할 일에 최선을 다하지 않는 사람입니다. 부지런한 사람은 자신이 해야 할 일에 최선을 다하는 사람입니다. 사람의 본성은 게으른 것을 좋아합니다. 왜 그렇습니까? 최선을 다한다는 것은 힘이 들기 때문입니다. 그렇다고 본성대로 살면서 게으르면 되겠습니까? 그렇지 않습니다.

우리를 향한 하나님의 뜻은 부지런하게 살기를 원하십니다. 잠언 6:6-11에 나타난 우리를 향한 하나님의 뜻을 확인해 보시기 바랍니다.

"게으른 자여 개미에게 가서 그가 하는 것을 보고 지혜를 얻으라 개미는 두령도 없고 감독자도 없고 통치자도 없으되 먹을 것을 여름 동안에 예비하며 추수 때에 양식을 모으느니라 게으른 자여 네가 어느 때까지 누워 있겠느냐 네가 어느 때에 잠이 깨어 일어나겠느냐 좀더 자자, 좀더 졸자, 손을 모으고 좀더 누워 있자 하면 네 빈궁이 강도 같이 오며 네 곤핍이 군사 같이 이르리라"

2) 부지런한 사람

또 로마서 12:11 말씀을 보시기 바랍니다.

"부지런하여 게으르지 말고 열심을 품고 주를 섬기라"

하나님의 뜻은 우리가 게으르게 살면 안 된다는 것입니다. 왜 그렇습니까?

(1) 빈궁이 강도 같이 이르기 때문입니다.

강도는 예고하지 않고 임하여 손해와 고통을 줍니다. 게으른 자에게 빈궁도 마찬가지입니다.

"가난한 자는 밭을 경작함으로 양식이 많아지거니와 불의로 말미암아 가산을 탕진하는 자가 있느니라" (23절)

(2) 게으른 사람들은 소중한 시간을 헛되게 사용합니다.

생산적이지 못한 일에 시간을 허비하는 것은 잘못된 일입니다. 하나님께서 기뻐하시는 일에 써야 할 시간을 헛된 곳에 소비하는 것은 하나님께서 우리게 부여하신 시간을 허비하는 일입니다.

우리는 부지런해야 합니다. 어떤 일에 부지런해야 합니까? 자신이 마땅히 해야 할 일에 부지런해야 합니다. 학생은 공부하는 데 열심을 내야 합니다. 직장인은 직장 근무에 최선을 다해야 합니다. 주부들은 살림살이를 기쁜 마음으로 열심히 해야 합니다. 사업가는 사업에 인내하며 참고 열심을 다해야 합니다.

(3) 그러면 우리는 시간을 어떻게 사용해야 합니까?

로마서 12:11-13을 보시기 바랍니다.

"부지런하여 게으르지 말고 열심을 품고 주를 섬기라 소망 중에 즐거워하며 환난 중에 참으며 기도에 항상 힘쓰며 성도들의 쓸 것을 공급하며 손 대접하기를 힘쓰라"

하나님은 놀고먹는 사람을 기뻐하지 않으십니다. 하나님을 기쁘시게 해 드리려고 믿음으로 부지런히 사는 사람에게 함께 하시고, 도와주시고, 복을 누리며 살도록 해 주십니다.

4. 정직한 사람과 거짓된 사람(13:5-6)

"의인은 거짓말을 미워하나 악인은 행위가 흉악하여 부끄러운 데에 이르느니라 공의는 행실이 정직한 자를 보호하고 악은 죄인을 패망하게 하느니라"

의인과 악인이 따로 있는 것이 아닙니다. 예수 그리스도를 주님으로 믿느냐 믿지 않느냐로 나뉩니다. 하는 행실로 알 수 있습니다.

의인의 행실은 거짓말을 미워합니다. 악인의 행실은 거짓말을 좋아합니다. 의인은 말과 행실이 진실하지만 악인은 말과 행실이 진실하지 못합니다. 그러면 악인의 결과는 어떻습니까? 잠언 12:19-21에 이런 말씀이 있습니다.

"진실한 입술은 영원히 보존되거니와 거짓 혀는 잠시 동안만 있을 뿐이니라 악을 꾀하는 자의 마음에는 속임이 있고 화평을 의논하는 자에게는 희락이 있느니라 의인에게는 어떤 재앙도 임하지 아니하려니와 악인에게는 앙화가 가득하리라"

진실한 입술은 영원히 보존이 됩니다. 거짓된 혀는 잠깐만 있을 뿐 곧 수치를 드러냅니다. 곧 망합니다. 그러나 의인에게는 재앙이 피합니다. 악인에게는 재앙과 화가 찾아옵니다. 그리고 거짓 입술은 하나님께 미움을 받아도 진실한 입술은 하나님의 기뻐하심을 받습니다.

그러기 때문에 우리는 거짓말하면 안 됩니다. 사실과 다르게 말하면 안 됩니다. 과장되게 말해도 안 됩니다. 같은 내용을 때와 장소, 그리고 듣는 사람에 따라 다르게 말하면 안 됩니다. 언제나 어디서나 진실하게 말하며 사는 우리들이 되어야 합니다.

5. 부한 자와 가난한 자(13:7-8)

우리는 보통 부자와 가난한 자를 소유의 많고 적음으로 판단하는 경향이 있습니다. 2008년도 영국 한 신문사에서 조사한 통계를 보면 집이든, 부동산이든, 주식이든, 자신이 소유한 것을 계산하여 18억 이상을 소유한 사람은 부자라고 말할 수 있다고 합니다. 최근 우리나라에서도 한 경제신문사에서 그런 조사를 했는데 그 통계에도 보면 동산과 부동산을 모두 합하여 적어도 30억 정도는 되어야 부자라고 말할 수 있다고 합니다. 그런데 그 이상의 물질을 소유하고 살면서도 아주 가난하게 사는 사람이 있습니다. 반면에 그보다 훨씬 적은 것을 누리고 살면서도 정말 부하게 사는 사람이 있습니다. 그것은 생각의 차이에서 나오는 결과입니다. 행복과 불행은 마음에서 시작하는 것이지 환경이 가져다 주는 것은 아닙니다.

사람들은 누구나 부자가 되기를 원합니다. 없이 사는 가난한 사람보다는 넉넉하게 누리며 사는 부자가 좋습니다. 그러기 때문에 하나님의 사람들도 가능하면 이런 부자들이 되어야 합니다. 그런데 우리가 부자가 되기를 원한 다고 다 그런 부자가 되는 것은 아닙니다. 그래서 하나님께서 잠언13:7-8에 서 이렇게 말씀하십니다.

"스스로 부한 체하여도 아무것도 없는 자가 있고 스스로 가난한 체하여 도 재물이 많은 자가 있느니라 사람의 재물이 자기 생명의 속전일 수 있 으나 가난한 자는 협박을 받을 일이 없느니라"

1) '체' 하지 마세요.

여기에 '체' 한다는 재미있는 말이 등장합니다. 실제로 우리 주변에 '체' 하는 사람들이 있습니다. 없으면서도 있는 체합니다. 있으면서도 없는 체합 니다. 왜 그렇습니까? 다른 사람에게 없는 사람으로 보이면 무시당할 것 같 아서 실제로는 없으면서도 있는 체하는 것입니다. 반대로 남들 눈에 있다고 비치면 찾아와서 손 내미는 사람이 많아질까 염려가 되어 있어도 없는체 하 는 것입니다. 특히 친척들에게 더 그렇게 행동하는 사람이 있습니다. 사실 과 다르게 '체' 하는 모습은 잘못된 것입니다.

2) 우리의 할 일

그러면 어떻게 살아야 합니까? 앞서 말씀드린 바와 같이 자기가 해야 할 일에 부지런하여 최선을 다해야 합니다.

"망령되이 얻은 재물은 줄어가고 손으로 모은 것은 늘어가느니라" (11절)

3) 비교의식을 하지 마세요

부자와 가난한 자의 판단은 세상 물질을 얼마나 소유하고 있느냐의 많고 적음으로 판단하면 안 됩니다. 남과 비교하지 말아야 합니다. 자기가 누리고 있는 것에 대해서 감사하며 살아야 합니다. 자기가 누리는 것에 대하여 만족하며 살아야 합니다. 더 필요하다면 하나님을 기쁘시게 해드리기 위해 필요해야 하고, 그러면 더 많은 필요를 얻기 위해 하나님의 방법으로 최선을 다해야 합니다.

4) 만족하는 삶을 살아야 합니다.

자기가 얼마를 누리고 살든지 지금의 형편에 만족하며 감사하며 살면 그 사람이 바로 부자입니다. 아무리 많은 것을 소유하고 있다고 해도 자기의 형편에 대해서 불만을 가지고 불평하며 사는 사람은 가난한 사람입니다.

20년 전 미국의 경제전문지 '포브스'라는 잡지(Forbes Magazine)에서 세계에서 이름난 갑부를 조사한 적이 있었습니다. 그 결과 세계 제일의 갑부로 랭크된 사람은 일본의 갑부 '쓰스미 요시아키'라는 사람이었습니다. 그는 골프장과 스키장을 27개씩 소유하고 있었고 호텔을 56개 소유하고 있었으며 열차노선 7개를 가지고 있었습니다. 그리고 프로야구단 1개를 가졌던 당대의 억만장자입니다.

그러나 그의 살아가는 모습을 보면 걸인을 무색케 할 정도였다고 합니다. 그는 다 낡은 구두를 끈으로 묶고 다녔고, 수도꼭지 크기를 1/3로 줄이고 살았던 사람입니다. 그 흔한 화장실의 휴지도 쓰지 않고 살았던 사람입니다. 그렇다고 가진 돈으로 사회 복지를 위해 사용했는가? 아닙니다. 모든 것을 움켜쥐고만 살았던 사람입니다. 지독한 구두쇠로 살았습니다. 사실은 당대에 최고로 가난한 사람이 바로 그였을 것입니다. 사람이 그렇게 살면 안 됩니다.

그래서 본문 7절에서 "스스로 부한 체 하여도 아무것도 없는 자가 있고, 스스로 가난한 체하여도 재물이 많은 자가 있느니라"고 교훈하고 있습니다.

그러므로 어떻게 살아야 합니까? '체' 하지 말고 지금의 형편에 만족하고 감사하며 살아야 합니다. 영적으로도 주제넘은 위선자가 많습니다. 실제로 믿음에는 빈궁하면서도 자신의 영적인 빈궁을 깨닫지 못하는 사람들이 있습니다. 반면에 영적으로 풍부한 부자이고 은혜가 충만한데도 스스로 가난한 자라고 생각하며 몸만 사리고 하나님 앞에서 해야 할 일에 무관심한 자들도 있습니다.

물질적으로든 영적으로든 남다른 것을 소유하고 있다면 그것을 소유하게 하신 하나님의 뜻이 무엇인가를 알아야 합니다. 그래서 자기가 소유한 것을 가지고 하나님을 기쁘시게 해 드려야 하는 것입니다. 그럴 때 하나님께서는 누리는 것을 통해 영광을 받으시고 영광을 받으신 하나님께서는 누리는 것을 잃지 않게 지켜 주시고 더 많은 것을 부어 주시는 것입니다.

6. 의인의 빛과 악인의 등불(13:9-19)

1) 빛과 등불의 차이(9절)

"의인의 빛은 환하게 빛나고 악인의 등불은 꺼지느니라"

여기서 말하는 '빛' 과 '등불' 은 얼른 보기에는 같은 것으로 보이지만 그 의미는 다릅니다.

(1) '빛' 은 햇빛같이 영속적이고 강렬한 빛을 말합니다.

(2) '등불 '은 임의적이고 일시적인 빛을 발하는 것을 말합니다.

그래서 '빛' 은 의인에게 적용을 하고, '등불' 은 악인에게 적용해서 설명하고 있습니다. 다시 말해서 의인의 본이 되게 살아가는 결과는 영원하지만, 악인의 삶은 아무리 그럴듯하게 보일지라도 잠시잠깐 후에는 사라지게 될 헛된 삶인 것입니다.

2) 교만은 다툼만 일으킵니다(10절).

"교만에서는 다툼만 일어날 뿐이라 권면을 듣는 자는 지혜가 있느니라"

권면을 듣는 사람과 교만한 사람을 대치하여 설명하고 있습니다. 그것은 권면을 듣는 사람은 겸손한 사람이지만 권면을 싫어하는 사람은 교만하기 때문이라는 것을 보여줍니다. 권면을 듣는 겸손함이 결국 복된 삶으로 인도하는 것입니다.

3) 본이 되는 경제생활(11절)

"망령되이 얻은 재물은 줄어가고 손으로 모은 것은 늘어가느니라"

사람들은 누구나 소유가 많기를 기대합니다. 그래서 수고하고 애쓰며 살아갑니다. 그런데 정당한 방법으로 모은 재물이 아닌 것은 쌓아도 줄어간다는 것을 모릅니다. 그러기 때문에 쌓는 것도 중요하지만 어떻게 쌓아가느냐 하는 것이 더 중요한 것입니다.

하나님의 사람들은 믿음 안에서 땀을 흘리며 부지런하고 성실하게 경제 활동을 해야 합니다. 그런 수고의 열매는 적게 쌓아도 헛되이 쓰이는 일이 없기 때문에 날로 더해갑니다. 그러므로 우리 하나님의 사람들은 하나님 보시기에 정직한 부자가 되려고 해야 합니다.

4) 소원을 이루는 삶(12절)

"소망이 더디 이루어지면 그것이 마음을 상하게 하거니와 소원이 이루어지는 것은 곧 생명 나무니라"

이 말씀은 본래의 의미를 새겨야 오해가 되지 않습니다. 여기에서 "소망이 더디 이루어지면 그것이 마음을 상하게 하거니와"라는 말씀은 '소망은 빨리 이루어져야 한다'는 단순한 의미가 아니라 '약속만 하고 그 약속을 지키지 않아서 상대방에게 기대감만 주는 것'을 말합니다. 그러는 사람보다는 어려움을 당한 사람에게 작은 힘으로라도 즉시 도와주는 것이 낫다는 말입니다. 그것은 생명나무와 같다는 말입니다.

5) 상을 받게 사는 삶(13절)

"말씀을 멸시하는 자는 자기에게 패망을 이루고 계명을 두려워하는 자는 상을 받느니라"

사람은 상을 받게 살아야 합니다. 학생은 학교에서 상을 받게 학교생활을 해야 하고, 직원은 사장에게 상을 받을 수 있도록 직장생활을 해야 합니다. 하나님의 사람은 하나님께 상을 받을 수 있도록 삶을 살아야 합니다. 그 기준은 다름이 아니라 하나님의 말씀을 지켜 순종하며 사느냐 거역하며 사느냐에 달려 있습니다. 하나님의 말씀을 지켜 사시다가 하나님께 상을 받는 우리가 되어야 하겠습니다.

6) 사망의 그물에서 벗어나는 법(14절)

"지혜 있는 자의 교훈은 생명의 샘이니 사망의 그물에서 벗어나게 하느니라"

잠언에 나오는 지혜에 대한 교훈은 단순한 지식이나 도덕적인 삶에 대한 지침 정도가 아니라 생(生)과 사(死)를 결정지을 만큼 중요합니다. 그러기 때문에 지혜의 말씀을 따라 사는 사람은 어떤 절박한 위기상황에서도 피할 수 있게 됩니다.

7) 다른 두 길(15절)

"선한 지혜는 은혜를 베푸나 사악한 자의 길은 험하니라"

여기서 말하는 '선한 지혜' 란 사람으로 하여금 합당하게 살아가도록 하는 윤리적인 지침을 말합니다. 그리고 '은혜' 란 대인 관계에 있어서의 '친절' 이나 '호의' 를 뜻합니다. 그러기 때문에 '선한 지혜' 는 사람들에게 좋은 영향을 끼치는 것입니다.

이에 비하여 은밀하게 행동하여 남을 속임으로써 치명적인 악영향을 끼치는 소위 '사악한 자'는 자기도 망하고 남도 망하게 합니다.

8) 서로 다른 두 사람(16-18절)

"무릇 슬기로운 자는 지식으로 행하거니와 미련한 자는 자기의 미련한 것을 나타내느니라 악한 사자는 재앙에 빠져도 충성된 사신은 양약이 되느니라 훈계를 저버리는 자에게는 궁핍과 수욕이 이르거니와 경계를 받는 자는 존영을 받느니라"

(1) 미련한 사람의 특징은 자신이 미련하다는 것을 모른다는 점입니다.

그러기 때문에 자신의 미련함을 부끄러워할 줄 모릅니다. '무식하면 용감하다'는 말은 그런 사람을 두고 하는 말입니다. 미련한 자는 자신의 우매한 지식을 가장 지혜로운 것이라고 여겨 이를 큰소리로 떠듭니다. 그러다가 결국 사람들의 조롱을 받게 됩니다.

그러나 슬기로운 자는 지혜를 통해서 얻은 지식으로 살아갑니다. 그래서 그런 사람은 더 슬기롭게 사는 것입니다.

(2) '악한 사자(使者)'는 주인을 속이며 자신의 직임을 다하지 않습니다.

이런 사람들은 일시적으로는 자신의 이기적 탐욕과 육적 안일을 누릴는지 몰라도 궁극적으로는 그 모든 죄과가 드러나게 되며 그로 인한 엄중한 형벌을 받게 됩니다. 그러나 '충성된 사신'은 자기의 사명을 신실하게 수행하며 그 주인의 뜻을 왜곡됨 없이 진실되게 전합니다. 그런 사람은 주인에게도 인정을 받게 되고 자신의 삶도 복되게 됩니다.

(3) ‘경계를 지키는 자’ 란 ‘견책이나 충고를 귀담아 듣는 사람 ‘을 말합니다.

이런 사람은 겸손한 사람이며 결국 하나님과 사람 앞에 존귀와 영광을 얻게 됩니다.

9) 소원 성취의 즐거움(19절)

“소원을 성취하면 마음에 달아도 미련한 자는 악에서 떠나기를 싫어하느니라”

마음의 소원을 이룬다는 것은 좋은 일입니다. 즐거운 일입니다. 그러나 그 소원이 어떤 소원이냐가 중요합니다. 지혜로운 사람은 소원도 복된 소원을 가지고 삽니다. 그러다가 그 소원이 이루어지면 즐거워하고 좋아합니다. 그러나 악한 사람은 악한 소원을 이루고 좋아합니다. 그러기 때문에 선한 사람은 선한 소원을 이루고 즐거워 더 좋은 소원을 가지고 또 그 소원을 이루려고 최선을 다하지만, 악한 사람은 이루어진 그 소원성취의 기쁨에 더 악한 일에 애착을 가지게 되는 것입니다. 그래서 선한 사람은 계속 선한 일을 하다가 복을 받지만, 악한 사람은 악한 일을 즐기며 계속하다가 망하게 되는 것입니다.

이상 두 종류의 사람을 비교하는 말씀을 보면서 이 중에 나는 지금까지 어느 편에 속한 사람이었다고 생각하십니까? 나는 앞으로 어느 편에 속한 사람이 되어야 한다고 생각하십니까?

하나님의 말씀에 순종하며 하나님을 기쁘시게 해드리는 사람이 되는 것이 행복에 이르는 길입니다.

184

제 14 장

앞 장에서는 의인과 악인이 받을 보응에 대한 말씀이었고, 본 장에서는 지혜자와 미련한 자, 즉 의인과 악인의 특성을 서로 비교하며 설명하고 있습니다. 이를 통해 사람의 지혜는 자신이 속한 공동체에도 영향을 미친다는 것을 보여줍니다.

1. 지혜자와 미련한 자의 차이(14:1-2, 11-12, 23-24)

지혜로운 사람과 미련한 사람은 무엇이 달라도 다릅니다. 외모가 다른 것이 아니라 살아가는 삶의 모습이 다릅니다. 여기서는 이런 차이에 대해서 교훈합니다.

1) 가정살림과 경제생활에서의 차이

"지혜로운 여인은 자기 집을 세우되 미련한 여인은 자기 손으로 그것을 허느니라"(1절)

(1) 지혜로운 여인은 하나님을 경외합니다.

지혜로운 여인은 진실하고 성실하며 부지런합니다(23절). 그런 가정은 갈수록 건실하게 세워지게 됩니다. 믿음 안에서 부지런한 사람은 경제적으로도 복을 받고 칭찬을 받습니다(24절).

(2) '미련한' 여인은 하나님을 경외하지 않는 여인입니다.

모든 삶이 자기중심적입니다. 자기 마음대로 하면 잘될 것 같습니다(12절). 그래서 타락한 세태에 현혹되기 쉽습니다. 게으르면서도 낭비벽이 심해 결국은 가세도 기울게 만듭니다(11, 20절).

2) 언어생활의 차이(3, 23, 25절)

"미련한 자는 교만하여 입으로 매를 자청하고 지혜로운 자의 입술은 자기를 보전하느니라"(3절)

(1) '미련한 자'는 지혜가 없는 사람을 말합니다.

미련한 사람은 하나님을 인정하지 않기 때문에 교만한 말을 잘합니다. 또한 교만한 말을 자주 하는 사람은 결국은 그 말 때문에 화를 당하게 됩니다.

미련한 사람은 손으로 일하기보다는 말만 앞세웁니다. 그런 사람의 살림은 궁핍해집니다(23절).

(2) '지혜로운 자'는 하나님을 경외하는 사람입니다.

하나님을 경외하는 사람은 말도 진실하고 겸손하게 합니다. 그런 말을 하는 사람은 사람들에게도 칭찬과 인정을 받게 됩니다. 그리고 진실한 사람의 말은 생명을 구원합니다(25절).

사람은 말을 어떻게 하느냐에 따라 인생이 달라집니다. 나의 언어생활은 어떤지 살펴볼 때입니다.

3) 삶의 방식의 차이(4절)

"소가 없으면 구유는 깨끗하려니와 소의 힘으로 얻는 것이 많으니라"

(1) 실속 없는 삶의 모습

① 구유에 있던 소를 팔아 버립니다.

② 소가 있기 때문에 구유가 더럽다는 이유 때문입니다.

③ 소가 없으면 구유는 깨끗합니다.

그러나 소가 없기 때문에 소를 통해서 얻을 수 있는 어떤 유익도 얻을 수 없습니다. 집안을 깨끗하게 유지하기 위해 내 집에 구역예배를 드리는 것을 싫어하는 사람과 같습니다. 구역예배를 드리기 위해 내 집에 사람들이 찾아오고, 아이들이 다녀가기 때문에 내 집이 어지러워져도, 내 집에서 기도하는 하나님의 사람들이 모여서 하나님께 예배를 드리는 것이 얼마나 복된 일인가를 알아야 합니다. 어지러워진 집은 예배를 마친 후에 치우면 되는 것입니다. 이것을 모르고 집안을 깨끗하게 보존하려다가 예배를 기피하는 일은 구유를 깨끗이 하려고 소를 팔아버리는 사람과 다를 바 없는 일입니다.

(2) 실속 있는 삶

① 구유가 더럽더라도 구유에 있는 소의 가치를 아는 사람은 소를 아낍니다.

② 구유가 더러우면 자주 청소를 해줍니다.

③ 그 소를 통해 많은 유익을 얻습니다.

어떻게 사는 것이 참으로 유익인지를 아는 사람이 지혜로운 사람입니다. 수고 없이 소득을 얻으려 하는 것은 잘못입니다. 열매를 거두기 위해서는 열매를 거두는 과정의 불편함과 수고로움을 기쁨으로 여겨야 합니다.

4) 증언의 차이(5, 25절)

"신실한 증인은 거짓말을 아니하여도 거짓 증인은 거짓말을 뱉느니라"(5절)

사회생활을 하다 보면 다른 사람의 일에 관계가 되어 '증언' 을 해야 할 경우가 생깁니다. 법정에서만 아니라 우리의 일상생활 중에도 마찬가지입니다.

(1) 거짓증언을 할 경우

거짓증언이란 자신의 이해관계 때문에 관련된 사안에 대해 사실과 다르게 증언하는 경우입니다. 그 결과 자신은 물론 다른 사람에게 피해를 주게 됩니다. 그래서 거짓증언은 사람과 하나님 앞에 죄를 짓는 것입니다.

(2) 진실하게 증언할 경우

진실한 증언은 사실을 사실대로 말하는 경우입니다. 그럴 경우 관련 당사

자에게 오해를 받는 수도 있습니다. 그러나 오해를 받을지라도 진실을 말하는 사람은 나중에 그 진실함을 인정받게 됩니다. 하나님께서도 그런 진실한 사람을 좋아하십니다.

5) 지혜를 얻는 차이(6절)

"거만한 자는 지혜를 구하여도 얻지 못하거니와 명철한 자는 지식 얻기가 쉬우니라"

(1) 거만한 사람

'거만한 사람'이란 자기가 다 안다고 생각하는 사람입니다. 그러기 때문에 거만한 사람은 남의 말을 귀담아 들으려 하지 않습니다. 그런 사람은 다른 사람이 먼저 경험해서 얻은 지혜를 얻을 수 없습니다. 그러기 때문에 자기 잘난 멋에 자기가 다 아는 줄로 여기며 살다가 결국은 자신의 무지를 드러내게 됩니다. 어리석은 일입니다.

(2) 명철한 사람

'명철한 사람'이란 본래부터 두뇌가 뛰어난 사람이 아닙니다. 하나님은 전지전능하신 분이시고, 자신은 제한적인 사람이라는 것을 알고 또 인정하는 사람이 명철한 사람입니다. 명철한 사람은 다른 사람의 말에 주의합니다. 더구나 하나님의 말씀에는 더욱 민감하게 반응합니다. 그러기 때문에 명철한 사람은 '지식'을 얻기에 용이한 것입니다. 그래서 명철한 사람은 날로 더 명철한 사람으로 성숙해지는 것입니다.

6) 가까이 하는 사람의 차이(7절)

여기서 말하는 '미련한 사람'이란 하나님을 모르는 사람을 말합니다. 그리고 '지식'이란 '하나님을 아는 지식', 곧 하나님께서 주시는 지식을 말합니다. 그러기 때문에 미련한 사람들은 미련한 사람들을 좋아합니다. 그러나 지혜로운 자들은 미련한 자들을 멀리해야 합니다. 가까이 교제를 해도 유익을 얻지 못하기 때문입니다. 그런 사람들은 단지 우리의 전도 대상자로서 교제를 해야 하고, 그들이 하나님을 알고 믿게 된 경우에는 양육을 위한 교제를 깊게 해야 합니다.

7) 지혜의 차이(8절)

"슬기로운 자의 지혜는 자기의 길을 아는 것이라도 미련한 자의 어리석음은 속이는 것이니라"

사람은 누구나 나름대로의 생각을 가지고 판단을 하며 삽니다. 그런 의미에서 슬기로운 사람이나 미련한 사람이나 나름대로 자기주장을 합니다. 그러나 차이는 분명합니다.

(1) 슬기로운 자의 지혜는 자기의 길을 압니다.

인생의 방향이 하나님이라는 것을 압니다. 인생의 목적지가 천국이라는 것을 압니다. 인생의 과정이 예수님 안에서 하나님의 말씀으로 살아야 한다는 것을 압니다.

(2) 그러나 미련한 사람은 그것을 알지 못합니다.

그러면서도 자기주장을 하는 것은 스스로 자신의 어리석음을 드러내는 것입니다.

8) 죄에 대한 차이(9절)

"미련한 자는 죄를 심상히 여겨도 정직한 자 중에는 은혜가 있느니라"

(1) 미련한 사람들은 죄의 심각성을 모릅니다.

죄의 수치를 모릅니다. 죄에 따른 벌의 무서운 것을 모릅니다. 그래서 죄를 가볍게 여깁니다. 도리어 죄 지은 것을 자랑하기까지 합니다. 그러기 때문에 더 크게 수치를 당하고 결국은 망하게 되는 것입니다.

(2) 지혜로운 사람은 죄 중에도 은혜를 경험합니다.

지혜로운 사람은 죄의 수치와 무서움을 알기 때문에 죄를 지을 경우 바로 회개합니다. 그러기 때문에 용서의 은혜와 새로움의 변화를 경험하게 됩니다. 하나님의 사람은 죄를 짓지 않고 살아야 합니다. 그러나 실수를 해서 죄를 지었을 경우에는 바로 회개해야 합니다. 그러면 하나님께서는 회개한 죄에 대해서 기억지도 않으시고 다 용서해 주십니다.

9) 마음의 차이(10, 13-14, 33절)

사람은 마음의 상태에 따라 행복하기도 하고, 불행하기도 합니다.

(1) 마음은 자기만 알고 느낄 수 있습니다.

"마음의 고통은 자기가 알고 마음의 즐거움은 타인이 참여하지 못하느니

라"(10절)

(2) 웃을 때에도 그 웃음의 의미를 자신의 마음은 느끼고, 슬퍼할 때도 그 슬픔이 왜 왔는지를 자신의 마음은 압니다.

(3) 사람은 마음을 말과 행동으로 표현합니다(33절).

그러기 때문에 누구나 자신의 마음을 잘 다스려야 합니다. 지금은 슬퍼 보이지만 나중에 웃으며 살아야지, 지금은 웃지만 나중에는 가슴을 치며 슬퍼할 삶을 살면 안 됩니다.

10) 행동의 차이(15-16절)

"어리석은 자는 온갖 말을 믿으나 슬기로운 자는 자기의 행동을 삼가느니라"

어리석은 사람은 분별력이 부족합니다. 그래서 아무 말이나 쉽게 믿고 따릅니다. 그러나 슬기로운 사람은 누가 뭐라고 해도 자신의 행동을 조심합니다. 그리고 하나님의 말씀에 기초하여 결정하고 행동합니다. 그러기 때문에 슬기로운 사람은 시행착오와 실수를 줄이며 사는 것입니다.

11) 노할 때의 차이(17-19절)

"노하기를 속히 하는 자는 어리석은 일을 행하고 악한 계교를 꾀하는 자는 미움을 받느니라"

사람은 여러 상황에서 갑작스럽게 자신의 뜻과 다른 황당한 일을 만날 때 당황하거나 화가 납니다. 이럴 때 그 화에 대해서 어떻게 반응하는가는 사람에 따라 다릅니다.

(1) 어리석은 사람은 노하기를 속히 합니다.

어리석은 사람은 상황을 제대로 파악하지 않고 오해한 상태에서 화를 냅니다. 주변의 정황을 살피지 못하고 화를 냅니다. 그래서 노하기를 속히 하는 사람은 실수가 많습니다. 그것은 어리석은 일입니다.

(2) 지혜로운 사람은 화가 날 상황에서도 노를 급하게 내지 않습니다.

상황 파악을 합니다. 분별력을 가지고 판단한 후 거기에 따른 반응을 합니다. 그러나 이렇게 하기가 쉬운 일은 아닙니다. 하나님께서는 지혜자에게 그런 덕성을 선물로 주십니다.

(3) 사람은 누구나 행한 대로 거두게 되어 있습니다(18-19절).

12) 이웃을 대하는 차이(21-22, 31절)

(1) 어리석은 사람은 이웃을 업신여깁니다.

가난한 자를 학대하기도 합니다(31절). 이런 행동은 죄입니다(21절). 가난한 자를 지으신 하나님을 멸시하는 짓입니다(31절).

(2) 지혜로운 사람은 이웃을 불쌍히 여깁니다.

그래서 도와줍니다. 이런 행동은 주님을 존경하는 것을 실천하는 일입니다. 그런 사람에게는 주님께서 복을 주십니다(21, 31절).

13) 왕과 신하와 관련된 차이(28, 34-35절)

(1) 왕에게 지혜가 있을 경우 많은 사람들이 모이게 되어 있고, 왕이 어리석으면 백성이 떠나게 되어 있습니다.

(2) 왕이 의롭게 통치하면 나라가 영화롭게 되지만, 왕이 죄를 지으면 백성까지 욕되게 합니다.

(3) 슬기로운 신하는 왕에게 은총을 입지만, 어리석은 신하는 진노를 당하게 됩니다.

하나님을 믿는 우리는 왕의 자녀들이자 일면 왕의 신하들입니다. 우리가 어떻게 행하느냐에 따라 우리의 삶은 달라집니다. 하나님을 믿는 믿음으로 덕망 있게 살아야 하고, 왕의 뜻을 헤아릴 줄 아는 지혜를 가지고 하나님을 기쁘시게 해드리며 살아야 합니다.

15 장

의인과 악인의 삶에 대한 비교를 위해서는 기준이 필요합니다. 그것은 '하나님과의 관계' 입니다. 따라서 하나님을 경외하는 사람이 의인, 곧 지혜자가 될 수 있는 것입니다.

1. 언어생활(15:1-2, 4, 7, 14, 18, 22-23, 28)

사람의 인격은 입에서 나오는 말로 표현됩니다. 그러므로 하나님의 사람들은 하나님의 사람답게 언어생활을 해야 합니다. 하나님의 사람들인 우리는 어떻게 말을 해야 합니까?

1) 말을 유순하게 해야 합니다(1, 4절).

"유순한 대답은 분노를 쉬게 하여도 과격한 말은 노를 격동하느니라"

"온순한 혀는 곧 생명나무이지만 패역한 혀는 마음을 상하게 하느니라"

말을 유순하고 온순하게 해야 합니다. 유순하고 온순한 말이란 부드러운 말입니다. 듣기가 편한 말입니다. 이런 말은 오해를 풀어주고 화를 가라앉힙니다. 그러나 과격한 말은 노를 격동하게 합니다. 그래서 일이 더 커지게 됩니다.

2) 하나님의 참 지식을 전하는 입이 되어야 합니다(7절).

"지혜로운 자의 입술은 지식을 전파하여도 미련한 자의 마음은 정함이 없느니라"

하나님을 아는 참 지식을 전하는 입이 되어야 합니다. 하나님의 말씀은 언제나 옳습니다. 가치가 있는 말씀입니다. 하나님의 말씀을 전하는 사람은 옳고 가치 있는 사람이라는 인정을 받게 됩니다. 그러나 세상의 말을 전하는 사람은 세상의 말 자체가 불완전하기 때문에 그 사람 역시 허물이 많은 사람이 되고 맙니다.

3) 노하기를 더디 해야 합니다(18절).

"분을 쉽게 내는 자는 다툼을 일으켜도 노하기를 더디 하는 자는 시비를 그치게 하느니라"

노하기를 더디 해야 합니다. 그러나 불의에 대해서는 노를 내야 합니다.

그럴 때에라도 노를 내는 것은 조심해야 합니다. 왜냐하면 우리의 판단이 언제나 옳은 것이 아니기 때문입니다. 만일 오해해서 노를 쉽게 낸다면 의를 위한 노가 또 다른 악을 행하는 꼴이 되기 때문입니다.

4) 대화를 나누면서 때에 맞는 말을 해야 합니다(23절).

"사람은 그 입의 대답으로 말미암아 기쁨을 얻나니 때에 맞는 말이 얼마나 아름다운고"

대화를 나누면서 때에 맞는 말을 해야 합니다. 여기서 '때에 맞는 말' 이란 '정중하고 겸손하여 호감을 주는 적당한 대답' 을 말합니다. 상대방을 사랑하는 마음에서 대화를 해야 합니다. 경우에 합당한 말을 해야 합니다. 그럴 때 아름다운 교제가 이루어지기 때문입니다.

5) 대답할 말을 깊이 생각하고 말을 해야 합니다(28절).

"의인의 마음은 대답할 말을 깊이 생각하여도 악인의 입은 악을 쏟느니라"

대답할 말을 깊이 생각하고 말을 해야 합니다. 조심 없이 내뱉는 말은 실수를 합니다. 조심 없이 내뱉는 말은 상대방에게 상처를 줍니다. 듣는 이에게 소망이 되고 하나님께 기쁨이 되는 대화를 해야 합니다.

6) 일을 의논해서 처리해야 합니다(22절).

"의논이 없으면 경영이 무너지고 지략이 많으면 경영이 성립하느니라"

일이 있을 때마다 서로 의논해서 일을 처리해야 합니다. 사람은 누구나 불완전하기 때문에 혼자 처리하는 일에는 실수가 따르기 때문입니다. 지략이 많다는 것은 혼자의 지략이 아니라 여러 사람이 의논하며 모아진 지혜를 말합니다. 여러 사람, 특히 하나님의 사람들이 모여 하나님께서 주시는 지혜를 모아 일을 하면 형통하게 됩니다. 서로 의논을 해서 일을 처리하면 서로의 지혜가 모아지기 때문입니다.

2. 하나님에 대한 인식(15:3, 11)

1) 하나님은 모든 사람을 다 살펴보십니다(3절).
"여호와의 눈은 어디서든지 악인과 선인을 감찰하시느니라"

여기서 '감찰하시느니라' 는 말은 사람의 속마음까지 '자세하게 관찰하다' 라는 뜻입니다. 하나님께서 사람의 마음까지 관찰하신다는 말은 우리의 모든 것들, 즉 행동이나 생각까지 어느 것 하나도 숨길 수 없다는 것을 말합니다. 또한 이 말씀은 하나님의 편재(偏在)하심과 전지(全知)하신 속성을 보여 주고 있습니다(대하 16:9).

하나님은 창조자이십니다. 그리고 하나님은 지으신 피조물을 다스리시는 분이십니다. 하나님의 다스림 속에는 '악인과 선인을 감찰하시는 것' 까지 포함합니다. 하나님께서는 지켜보시기만 하시는 것이 아닙니다. 하나님께서 사람을 살펴보시는 목적은 각 사람의 살아가는 모습에 따라 보응하시기 위해서입니다. 하나님께서 보시기에 합당하게 사는 사람은 하나님께서 기쁨을 받으시고, 좋은 일이 있게 하실 것이며, 하나님께서 보시기에 합당하게 살지 못한 사람에게는 '책망'이나 '징계'를 하실 것입니다. 그러므로 사람은 언제나 지켜보시는 하나님을 의식하며 하나님께서 보시기에 합당하게 살아야 합니다.

2) 하나님은 사람의 마음속까지도 다 아십니다(11절)

"스올과 아바돈도 여호와의 앞에 드러나거든 하물며 사람의 마음이리요"

'스올과 아바돈'이란 '음부와 유명(幽冥)'으로 번역될 수 있는 말입니다. 이 말은 '죽음의 세계'를 의미하는 말입니다. 하나님께서 죽음의 세계까지도 다 아신다는 말은 하나님께서 모르실 것이 없다는 말입니다(욥 26:6; 시 139:7-12).

그런데도 우리들은 자주 하나님은 모르실 것이라 여기며 비밀을 가지고 살 때가 있습니다. 그래서 거짓말을 하게 됩니다. 잘못을 숨기려 합니다.

그러나 하나님 앞에 숨길 수 있는 것은 없습니다. 그러므로 잘못한 일은 하나님 앞에 즉시 인정해야 합니다. 회개해야 합니다. 그러면 하나님께서는 왜 그랬느냐고 묻지도 않으시고 용서를 해주십니다.

하나님은 모든 것을 아신다는 이 말씀을 통해 우리는 다른 면에서 위로가 됩니다. 그것은 내가 한, 좋은 일을 다른 사람이 알아주지 않을 때 서운한 생각이 들 때가 있습니다. 그러나 사람은 나의 수고를 알아주지 않을지라도 사람들의 마음속까지 다 뚫어보시는 하나님께서는 다 아십니다. 아시는 하나님께서는 거기에 합당한 보응을 복으로 갚아주실 것입니다. 그래서 수고는 하되 갚음은 하나님께 받으려 해야 합니다.

이렇게 하나님은 언제나 어디서나 모든 사람을 지켜보신다는 것을 알아야 합니다. 그러므로 하나님의 사람들은 좌우나 살피며 사는 삶을 살 것이 아니라 위를 인식하며 사는 신전의식(神前意識)으로 신앙생활을 해야 합니다. 그런 사람은 하나님께 인정을 받으며 살지만, 사람들 속에서도 진실함을 인정받게 됩니다.

3. 훈계에 대한 태도(15:5, 9, 12, 20-21, 31-33)

1) 훈계를 업신여기지 말고 겸허하게 받아야 합니다(15:5).

부모의 훈계나 하나님의 훈계는 자신을 정말 사랑하기 때문에 주시는 말씀이기 때문입니다. 철없는 아이들이 부모님의 자식사랑의 마음을 헤아리지 못하고 훈계를 하는 부모에게 대든다든지 반항하는 것은 어리석은 일입니다. 성장하면 후회할 일입니다. 훈계가 듣기에 힘들지라도, 지켜 살기에는 더더욱 어렵더라도 겸허하게 받아들이는 것이 지혜로운 자세요, 결국 자신을 위하는 일입니다.

2) 훈계를 거역하면 안 됩니다(15:9).

사람은 누구나 하나님의 도우심을 받지 않고서는 바르게 살 수 없습니다. 부모님과 하나님께서는 그런 우리를 잘 아시기 때문에 우리를 위해 여러 훈계를 하십니다. 그 훈계는 듣기에 거북스럽고, 그 훈계대로 살아가기가 힘듭니다. 그러나 그 훈계대로 살아가면 삶 속에 새로운 변화가 일어나게 됩니다. 나쁜 습관이 고쳐집니다. 좋지 않은 일을 피하게 됩니다. 좋은 습관이 생깁니다. 좋은 일을 만나게 됩니다. 그래서 부모님의 훈계는 귀한 것입니다. 하나님의 훈계는 더더욱 귀한 것입니다. 사랑하는 지도자와 부모님 그리고 하나님 아버지의 훈계를 들으며 사는 사람은 행복한 사람입니다.

3) 견책을 싫어하면 안 됩니다(15:12).

훈계를 싫어하는 사람은 자기의 판단으로도 얼마든지 바르게 살 수 있다고 큰소리치는 사람과 같습니다. 훈계나 견책을 싫어하는 사람은 거만한 사람입니다. 그런 사람은 다른 사람들도 다 싫어합니다. 하나님께서도 그런 거만한 사람을 싫어하십니다.

다른 사람의 말을 들으며 자신을 돌아보며 사는 지혜가 필요합니다. 더구나 부모님의 훈계나 하나님의 견책은 두말없이 순종해야 합니다. 그렇게 사는 것이 가장 복되게 사는 길입니다.

4) 훈계를 들으며 살아야 합니다(20-21, 31-33).

잠언에서 말하는 '생명의 경계'는 본 서에서 강조하고 있는 모든 지혜의 교훈들을 가리킵니다. 이런 지혜는 단순한 삶의 지침이나 처세술을 말하는 것이 아니라 그 자체가 인간의 생과 사를 결정짓는 아주 중요한 것입니다. 또한 '자기의 영혼을 경히 여기는 사람'은 생명의 길로 인도하는 지혜와 훈계를 무시하기 때문에 결과적으로는 자기 스스로 자기의 생명을 버리는 자와 같은 것입니다(10:17; 12:1).

이와는 반대로 지혜를 사랑하는 사람은 자기 자신을 사랑하는 사람입니다. 윗사람들은 자기들의 지도하에 있는 자들에게 훈계와 책망을 해야 할 책임이 있습니다. 그러나 사람은 누구나 제 잘난 맛에 살려는 경향 때문에 마땅히 받아야 할 훈계까지도 듣기를 싫어하는 경향이 많습니다. 그래도 윗사람은 아랫사람을 사랑과 권위로 훈계해야 합니다. 사람은 타락한 이후 본성이 악해져 있기 때문에 악한 본성대로 살도록 하면 영육이 망하게 되어 있기 때문입니다. 우리 모두는 부모가 있는 자들입니다. 가정에서는 부모님이 계시고, 사회에는 지도자가 있고, 영적으로는 하나님이 계십니다. 그러기 때문에 우리는 우리를 사랑하셔서 훈계하시는 부모님, 지도자 그리고 하나님의 훈계에 귀를 기울이고 훈계에 합당하게 살려고 해야 합니다.

여호와를 경외하는 것이 지혜의 훈계를 듣는 일입니다. 겸손하게 여호와의 훈계를 들으며 사는 사람은 존귀하게 되는 복을 받게 됩니다.

16 장

여기에서 중요한 교훈은 하나님께서 자신의 지혜로운 판단과 선하신 뜻에 따라 사람의 행위를 다스려 가신다는 점입니다.

1. 목표를 성취하는 비결(16:1-9)

1) 하나님 안에서 최선을 다해야(1-3절)

사람은 무엇인가 소원을 품고 그 소원을 이루기 위해 살아갑니다. 26절의 말씀과 같이, 사람은 '식욕을 인하여' 애씁니다. 최선을 다합니다. 그러나 그 일이 우리가 마음먹은 대로 반드시 되리라고 기대하면 안 됩니다. 그 이유를 본문 1절에서 밝혀줍니다.

"마음의 경영은 사람에게 있어도 말의 응답은 여호와께로부터 나오느니
라"

이 말씀은 '세상일이란 사람이 마음먹은 대로 되어지는 것이 아니다' 는
뜻입니다. 사람이 목표를 세우고 그 목표를 이루기 위해 수고를 해도 그 결
과를 주관하시는 분은 하나님이시기 때문입니다.

우리가 계획을 하고 이루기 위해 수고를 하는 일이 하나님께서 보실 때에
도 합당하다면 그런 일이야 원하고 수고하는 대로 이루어지게 될 것입니다.
그러나 우리가 판단하고 생각하며 기대하는 일에는 2절과 같은 문제가 있다
는 것입니다.

"사람의 행위가 자기 보기에는 모두 깨끗하여도 여호와는 심령을 감찰하
시느니라"

이 말씀은 사람이란 온전하지 못하기 때문에 스스로 옳다고 생각해서 그
일을 이루기 위해 수고하지만 사실은 판단 자체가 잘못될 경우가 많다는 것
입니다.

그러면 우리가 목표를 이루기 위해 어떻게 해야 합니까?
하나님께서는 3절을 통해 그 비결을 말씀하십니다.
"너의 행사를 여호와께 맡기라 그리하면 네가 경영하는 것이 이루어지리
라"

여기에서 '너의 행사를 여호와께 맡기라' 는 말은 '네 짐을 하나님께 내어
던지라' 는 말입니다. 그렇다고 목표를 이루기 위해 내가 해야 할 일까지 하
나님께 맡겨버리고 나는 아무 일도 하지 않아도 하나님께서 알아서 해주시
겠다는 말은 아닙니다. 수고만 하면 내가 모든 것을 다 좌지우지 할 수 있다

고 생각해서는 안 된다는 말씀입니다. 무슨 일이든지 내가 해야 할 일이 있고, 하나님께서 해주셔야 할 일이 있습니다. 하나님의 사람들은 하나님 안에서, 하나님께서 기뻐하실 일을 계획해야 하고 그 결과는 하나님께 맡겨야 합니다. 우리는 단지 하나님께서 기뻐하실 하나님의 일을 이루기 위해 최선을 다할 뿐입니다.

2) 하나님 보시기에 합당하게 살아야(4-9절)

(1) 하나님과 상관없이 뜻을 이루려고 하면 안 됩니다.
안 되는 이유가 4절에 나와 있습니다.
"무릇 마음이 교만한 자를 여호와께서 미워하시나니 피차 손을 잡을지라도 벌을 면하지 못하리라"
사람들은 간혹 하나님과 상관없이도 얼마든지 자기가 원하는 목표를 이룰 수 있다고 착각합니다. 그래서 자신의 경험과 기술을 다 동원하고, 그래도 부족하다고 여겨지면 다른 사람의 도움을 받아서 그 부족을 해결하려고 합니다. 그것은 '교만'입니다. 하나님께서는 그런 교만을 아주 싫어하십니다. 그래서 그런 사람의 목표는 이루지도 못하고 도리어 교만에 대한 벌을 받게 되는 것입니다.
하나님 앞에 자신의 한계를 인정하고 하나님께 지혜와 도우심을 구하는 것이 최상의 길임을 알아야 합니다.

(2) 하나님께서 기뻐하시는 방법으로 뜻을 이루려고 해야 합니다.
하나님께서는 교만한 사람을 싫어하십니다. 그리고 악도 싫어하십니다.

그러면 어떻게 해야 악에서 떠날 수 있을까요?

6절을 보시기 바랍니다.

"인자와 진리로 인하여 죄악이 속하게 되고 여호와를 경외함으로 말미암아 악에서 떠나게 되느니라"

'인자와 진리로 인하여 죄악에서 속함을 받아야' 합니다.

그리고 '여호와를 경외함으로 말미암아 악에서 떠나야' 합니다. 죄악이 속하게 되는 것은 예수님을 믿을 때 하나님께서 베푸시는 은혜입니다. 그리고 여호와를 경외하는 것도 하나님께서 하나님의 사람에게 베푸시는 은혜입니다. 따라서 우리는 하나님의 은혜 베푸심을 따라 죄 사함에 이르는 믿음도 가질 수 있고, 여호와를 경외하는 믿음도 가질 수 있습니다. 그러므로 우리가 하나님을 기쁘시게 해드릴 수 있는 믿음을 갖는 것도 하나님께 간구해야 할 중요한 기도제목입니다.

또한 사람들이 누구나 추구하는 것이 '소득' 입니다. 수고의 '열매' 입니다. 이 소득과 열매는 크고 많을수록 좋습니다. 그래서 많은 사람들이 과정을 무시하고 한꺼번에 크고 많은 열매를 얻기 원합니다. 그러나 크고 많은 것이 우리를 행복하게 하는 것이 아님을 하나님께서는 8절 말씀을 통해 교훈하십니다.

"적은 소득이 공의를 겸하면 많은 소득이 불의를 겸한 것보다 나으니라"

그러므로 우리는 목표달성을 위해 수고는 하되 소득과 열매의 많고 적음에 연연하면 안 됩니다. 적은 것이라도 하나님 안에서 맺어지는 열매가 우리를 행복하게 하는 것이기 때문입니다. 그리고 우리가 반드시 알아야 할 말씀이 9절에 있습니다.

"사람이 마음으로 자기의 길을 계획할지라도 그의 걸음을 인도하시는 이는 여호와시니라"

이 말씀이 무언가 목표를 이루기 위해 애쓰는 우리에게 지표가 되는 말씀
으로 남기를 바랍니다.

2. 왕의 잠언들(16:10-15)

여기서 말하는 '왕' 이란 최고의 통치자요 재판장이신 여호와의 대표자로
서 권위를 가진 자를 말합니다. 이런 왕은 나라에만 존재하는 것이 아닙니
다. 가정에서 부모는 자녀에게 왕 같은 위치를 차지합니다. 그런 의미에서
우리 모두는 왕의 위치에 서야 할 경우가 있습니다. 그러면 이런 우리에게
주시는 하나님의 교훈은 무엇입니까?

먼저 10절 말씀을 보시기 바랍니다.

"하나님의 말씀이 왕의 입술에 있은즉 재판할 때에 그의 입이 그르치지
아니하리라"

이 말씀은 왕은 하나님을 대신해서 세상을 통치해야 한다는 것입니다. 그
리고 우리가 어떤 의미의 왕의 자리에 있든지 하나님께서 위임하신 사명을
감당하는 자세를 가져야 한다는 것입니다. 그러기 위해서는 입술에 하나님
의 말씀이 있어야 합니다. 하나님의 말씀을 의지하지 않는 통치와 다스림
그리고 지도는 일을 '그르치기' 때문입니다.

통치나 다스림 그리고 지도를 할 때 하나님의 말씀을 의지해야 하는 이유
가 있습니다. 그것이 11절에 나와 있습니다.

"공평한 저울과 접시 저울은 여호와의 것이요 주머니 속의 저울추도 다

그가 지으신 것이니라"

'저울'과 '저울추'는 교환을 위해 무게를 재는 도구입니다. 이것으로 무게를 달아 다른 것과 교환을 하거나 매매를 합니다. 그런데 이 '저울과 저울추'를 하나님께서 지으셨다는 것입니다. 이 말씀은 하나님께서 사람들의 세상살이의 모든 기준이 되신다는 뜻입니다. 하나님의 말씀을 모든 판단의 기준으로 삼을 때 가장 공정하게 일을 처리할 수 있게 됩니다.

그리고 '왕'이 사역을 감당할 때 반드시 주의해야 할 일이 12절에 나와 있습니다.

"악을 행하는 것은 왕들이 미워할 바니 이는 그 보좌가 공의로 말미암아 굳게 섬이니라"

'왕'이 주의해야 할 여러 일 중에 '악'을 미워해야 한다는 것입니다. 다른 사람이 악을 행할 때 왕은 공개적으로 그 악을 미워해야 합니다. 그러면 그 왕의 지배를 받는 사람들은 악을 멀리할 것입니다. 동시에 왕은 스스로의 행동에 있어서도 악을 미워해야 합니다. 다른 사람들이 알도록 그리해야 합니다. 그럴 때 그 왕의 지도력은 강해지고 그 다스림의 통치는 더 강화될 것입니다.

'왕'이 사역을 감당할 때 반드시 주의해야 할 일이 13절에도 나와 있습니다.

"의로운 입술은 왕들이 기뻐하는 것이요 정직하게 말하는 자는 그들의 사랑을 입느니라"

이 말씀은 12절의 말씀과 밀접하게 관련된 말씀입니다. 12절의 말씀이 왕의 사역 중에 지켜야 할 일을 부정적으로 교훈했다고 한다면, 13절의 말씀은 이를 긍정적인 입장에서 교훈하고 있는 것입니다.

'왕'은 의로운 말과 정직한 말을 기뻐해야 합니다. 그럴 때 왕 자신도 복이 되고, 왕의 지배를 받는 사람들도 복을 받게 될 것입니다. 이를 나의 삶 속에서도 적용해서 의롭고 정직하게 산다면 나도 복되고 나와 함께 하는 우리도 복을 받게 될 것입니다.

왕도 인격을 가졌습니다. 따라서 왕도 기뻐할 때도 있고, 노할 때도 있습니다. 만일 왕이 노하게 되면 어떻게 될 것 같습니까? 14절 말씀에 잘 소개되고 있습니다.

왕이 노하게 되면 그 진노 때문에 왕의 지배를 받는 사람들이 당해야 합니다. 그것을 14절에서는 '죽음의 사자'에 비유했습니다. 그것은 왕이 진노할 경우 백성들이 당해야 할 고통이 얼마나 크다는 것을 비유적으로 그렇게 표현한 것입니다. 그러기 때문에 왕의 지배를 받는 사람들은 왕이 노하지 않게 해야 합니다. 그렇다고 불의한 왕이 노하지 않도록 악한 방법으로라도 왕의 비위를 맞추어 왕의 진노를 피해야 한다는 말은 아닙니다. 우리의 왕이신 하나님은 의로우신 분이십니다. 사적인 감정을 가지고 분풀이 하시는 분이 아니십니다. 하나님의 위임을 받아 지도의 책임을 맡은 사람으로서의 왕들도 그래야 합니다. 그리고 우리가 일면 왕(지도자, 부모)의 지배를 받아야 할 위치에 있을 때에는 우리의 왕이 노하지 않도록 해야 합니다. 아니 더 적극적으로 우리의 왕이 기뻐하도록 해야 합니다. 다시 말해서 우리는 하나님의 사람들로서 하나님을 기쁘시게 해드리며 살아야 합니다. 우리가 자녀로서 부모님께서 기뻐하시도록 살아야 합니다.

그러면 어떻게 됩니까? 15절에 이렇게 말씀합니다.

"왕의 희색은 생명을 뜻하나니 그의 은택이 늦은 비를 내리는 구름과 같
으니라"

'늦은 비를 내리는 구름' 이란 농부에게 있어서 그 무엇보다 반가운 것입
니다. 그 무엇보다 기쁨을 주는 것입니다. 왕을 기쁘게 하는 사람은 왕이 그
에게 그렇게 역사한다는 말입니다. 우리가 하나님을 기쁘시게 해드리면 하
나님께서는 우리의 삶 속에 '늦은 비를 내리는 구름' 처럼 역사하실 것입니
다. 그래서 하나님을 기쁘시게 해드리는 것이 우리 하나님의 사람들이 하나
님께 힘써야 할 일입니다. 또한 우리는 부모님을 기쁘시게 해드리는 자녀들
이 되어야 하고, 교회생활 중에는 담임목사님을 기쁘게 해드리는 교인이 되
려고 해야 합니다. 그런 신앙생활 자세가 결국은 나에게 기쁨과 유익을 가
져다주기 때문입니다.

3. 지혜의 잠언들(16:16-24)

1) 지혜의 가치

잠언서에서 계속 강조하는 것이 '지혜를 가지라' 는 것입니다. 그러면 그
지혜가 얼마만큼의 가치가 있을까요?

16절 말씀에서 이렇게 대답합니다.

"지혜를 얻는 것이 금을 얻는 것보다 얼마나 나은고 명철을 얻는 것이 은
을 얻는 것보다 더욱 나으니라"

사람이 이 세상을 살아가면서 세상 것들 중에 가장 좋아하는 것이 '은' 이
요, '금' 입니다. 금과 은 자체가 좋아서라기보다는 금과 은만 있으면 가지고

싶은 것은 무엇이든지 교환할 수 있기 때문입니다. 그래서 여기서 말하는 '금과 은'은 사람들이 가장 귀하게 여기는, 그래서 가장 좋아하는 것을 대표하고 있습니다. 그런데 금과 은보다 더 좋은 것이 '지혜를 얻는 것'이라는 것입니다(3:14, 8:10, 11, 19절).

그러면 그 '지혜'가 무엇입니까?

그 지혜는 그리스도입니다. 하나님의 말씀입니다. 아니 지혜란 예수님 자신이시며, 곧 하나님 자신입니다. 그러기 때문에 하나님을 소유하는 것은 세상의 모든 것을 소유하는 것이나 마찬가지입니다. 그러기 때문에 사람은 누구나 예수님을 믿어야 합니다.

예수님을 믿으면 하나님을 소유하게 됩니다. 하나님을 소유하면 하나님의 모든 것을 소유하게 됩니다. 예수님을 믿고 하나님을 소유하심으로 세상의 모든 좋은 것을 다 예수님 안에서 소유하는 여러분 되시길 소원합니다.

2) 지혜를 소유한 사람의 지혜로운 삶

(1) 지혜로운 사람은 악에서 떠나야 합니다(17절).

"악을 떠나는 것은 정직한 사람의 대로이니 자기의 길을 지키는 자는 자기의 영혼을 보전하느니라"

악은 하나님께서 가장 싫어하는 것입니다. 그러기 때문에 악을 소유한 상태로 하나님을 온전히 소유할 수 없습니다. 그런데도 하나님의 사람들이 여전히 악을 버리지 못하고 행하며 산다면, 바로 그 이유 때문에 하나님을 믿어도 하나님을 믿는 자에게 약속된 능력이 나타나지 않는 것입니다. 하나님의 사람들이 악을 내어 버리고 하나님께서 보시기에 정직한 삶을 살아가는 순간 '대로'가 열리게 될 것입니다. 악을 버리고 정직하게 살다가 '대로'가 열리는 체험을 하는 여러분 되시길 소원합니다.

(2) 지혜를 소유한 사람은 교만을 버려야 합니다(18절).
"교만은 패망의 선봉이요 거만한 마음은 넘어짐의 앞잡이니라"

하나님께서 가장 싫어하시는 못된 성품이 '교만'입니다. 마귀가 이 교만 때문에 마귀가 되었습니다. 마귀는 교만의 모델입니다. 그런데도 하나님께서 가장 싫어하시고, 마귀의 본형인 이 교만을 하나님의 사람들이 버리지 못하고 여전히 교만을 과시하며 신앙생활을 하는 경우가 많습니다. 교만한 사람은 반드시 '패망'하고 '넘어지게' 되어 있습니다.

그러기 때문에 19절에서는 이렇게 말합니다.

"겸손한 자와 함께 하여 마음을 낮추는 것이 교만한 자와 함께 하여 탈취 물을 나누는 것보다 나으니라"

'탈취물을 나눈다'는 것은 즐거운 일입니다. 그러나 그 탈취물이 어떤 과정에서 얻어진 것인가를 알아야 합니다. 교만한 자와 탈취물을 나누려면 자신도 교만해야 합니다. 그러기 때문에 탈취물만 크게 보고 그것을 나누는 즐거움만 생각할 것이 아니라, 잠시 잠깐 후에 교만한 자가 넘어지고 패망할 때에 자신도 그 주인공이 된다는 것을 잊지 말아야 합니다. 그럴 바에는 겸손한 자와 함께 온유한 마음을 나누는 것이 더 좋을 것입니다.

(3) 말씀을 삼가야 합니다(20-22절).
지혜로운 사람은 자기 기분대로 살지 않습니다.

"삼가 말씀에 주의하는 자는 좋은 것을 얻나니 여호와를 의지하는 자는 복이 있느니라"

언제나 하나님의 말씀을 마음에 품고 혹시라도 하나님의 말씀에 어긋나게 살까 조심하게 됩니다. 그런 사람은 가서는 안 될 길을 가지 않습니다. 그런 사람은 앉아서는 안 될 자리에 앉지 않습니다. 마치 시편 1:1-2의 말씀처럼 살아갑니다.

"복 있는 사람은 악인들의 꾀를 따르지 아니하며 죄인들의 길에 서지 아니하며 오만한 자들의 자리에 앉지 아니하고 오직 여호와의 율법을 즐거워하여 그의 율법을 주야로 묵상하는도다"

그러기 때문에 그런 사람은 '복 있는 사람'이 되는 것입니다. 우리 모두가 이런 복 있는 사람들인 줄 믿습니다. 그리고 이런 지혜로운 사람은 다른 사람들에게 21절의 말씀과 같은 인정을 받게 됩니다.

"마음이 지혜로운 자는 명철하다 일컬음을 받고 입이 선한 자는 남의 학식을 더하게 하느니라"

(4) 선한 말을 하며 살아야 합니다(23-24절).

어떤 사람인가 하는 것은 그 사람의 말하는 것을 보면 짐작할 수 있습니다. 그 말 속에 그 사람의 인격과 직업까지 묻어나기 때문입니다. 그러면 하나님의 사람들은 어떻게 언어생활을 해야 할까요?

23-24절 말씀을 보시기 바랍니다.

"지혜로운 자의 마음은 그의 입을 슬기롭게 하고 또 그의 입술에 지식을 더하느니라 선한 말은 꿀송이 같아서 마음에 달고 뼈에 양약이 되느니라"

하나님의 사람은 말을 조심해야 합니다. 정직하지 못한 말을 하거나 조심 없는 말로 이간질을 해서는 안 됩니다(28절). '선한 말'을 해야 합니다. 그 선한 말이 입에서 나오려면 먼저 마음속에 '선한 생각'이 쌓여야 합니다.

마음에 선한 것이 쌓이려면 '선한 말씀'을 자주 보고 들어야 합니다. '선한 말씀'은 하나님의 말씀입니다. 하나님의 말씀은 선합니다. 악한 사람이라도 선하게 변화시키는 능력이 있습니다.

신구약 성경이 선한 말씀입니다. 이 선한 말씀은 설교를 통해 설파됩니다. 그러기 때문에 하나님의 사람들은 공예배에 열심히 출석해서 한마디의 말씀이라도 더 들으려고 해야 합니다. 그래서 마음속에 선한 말씀들이 쌓이면, 자연스럽게 입을 통해 그 선한 말이 나오게 될 것입니다. 그러면 그 말을 듣는 사람들은 그 사람을 지식이 있는 사람이라고 인정을 하게 될 것입니다. 그리고 그 말씀은 듣는 사람이나 자신에게 달고 유익한 '꿀송이'와 '양약' 같이 될 것입니다.

그러기 때문에 하나님의 사람들은 하나님의 선한 말씀을 통해 선한 사람이 될 수 있으며, 영과 육이 동시에 건강한 삶을 살 수 있는 것입니다. 그러니 우리가 예수님을 믿어서 하나님의 자녀가 되어, 하나님의 말씀을 읽고 들으며 산다는 것이 얼마나 행복한 일인지 모릅니다. 게다가 이 복된 말씀을 전하며 살 수 있다면 더 없이 복된 일이 될 것입니다.

4. 악인의 모습들(16:25-30)

우리가 승리하는 삶을 살려면 지혜자의 삶에 대해서 알아야 하지만 때로는 악한 이들의 악한 삶에 대해서도 알아야 할 필요가 있습니다. 그러면 악한 사람들은 어떻게 살아갑니까?

1) 착각 속에 살아갑니다(25절).

"어떤 길은 사람이 보기에 바르나 필경은 사망의 길이니라"

악한 사람들은 각자 나름대로 옳다고 판단하며 자기가 결정한 그 방식대로 그 길을 갑니다. 그러나 우리가 반드시 알아야 할 것은, 사람의 판단은 스스로 보기에 옳게 여겨질지라도 틀릴 경우가 많으며, 만일 그런 잘못된 판단에 근거해서 행하는 일들의 결과는 실패와 사망에 이르게 된다는 것입니다. 왜냐하면 로마서 3:10의 말씀과 같이 '의인은 없나니 하나도 없으며' 사람의 본성은 아담과 하와의 타락 이후에 전적으로 부패해 버렸기 때문입니다. 그러므로 자신의 생각대로 살아가는 삶은 그만큼 위험한 것입니다.

2) 탐욕의 종으로 살아갑니다(26절).
"고되게 일하는 자는 식욕으로 말미암아 애쓰나니 이는 그의 입이 자기를 독촉함이니라"

여기서 말하는 '식욕'이란 '탐욕'으로도 번역이 가능한 말입니다. 악한 사람은 육신의 욕구충족만을 위해 세상을 살아갑니다. 영적인 세계를 모르기 때문입니다. 진리를 모르기 때문입니다. 순전히 입으로 배불리 먹고, 몸으로 쾌락을 즐기는 것이 그들 삶의 목표입니다. 그러기 때문에 악인의 삶에는 소망이 없는 것입니다.

3) 불량하고 입으로 악을 말합니다(27절).
"불량한 자는 악을 꾀하나니 그 입술에는 맹렬한 불 같은 것이 있느니라"
악한 사람의 마음속에는 악이 들어앉아 있습니다. 그래서 그 악을 행동으로 나타내고, 그 악한 것을 말로 표현합니다. 그런 사람의 말은 부정적입니다. 상처를 줍니다. 저주를 말합니다. 그 결과는 자신과 관계하는 사람 모두에게 불같이 역사하여 결국은 모두 망하게 만듭니다.

4) 이간질을 합니다(28절).

악한 사람은 악한 영의 지배를 받습니다. 그러기 때문에 악한 사람의 행동을 보면 악한 영인 마귀의 모습이 그대로 나타납니다. 마귀는 다투기를 좋아합니다. 마귀는 화합하는 것보다는 나뉘는 것을 좋아합니다. 이렇게 다투기를 좋아하고, 인간관계를 이간시키는 짓을 자주 하는 사람은 악한 사람입니다. 곧 마귀의 영향 아래 있는 사람입니다.

이와 반대로 성령의 인도를 받는 사람은 성령의 모습을 닮습니다. 성령께서는 평강을 선물로 주십니다. 나눠진 관계라도 서로 화목하게 합니다. 하나님의 사람들은 그래야 합니다.

5) 이웃을 불선(不善)한 길로 꾑니다(29절).

"강포한 사람은 그 이웃을 꾀어 좋지 아니한 길로 인도하느니라"

사람은 누구나 상대방이 자기와 같아지기를 원합니다. 그런 마음이 통하는 사람들은 그래서 가까이 지내게 됩니다. 악한 사람 역시 주변의 사람들이 자기와 같은 길을 가기를 원합니다. 그래서 온갖 방법을 다 동원합니다. 선량한 사람들을 악한 길로 꾀는 것을 예사로 합니다. 그래서 악한 사람을 가까이 하면 위험한 것입니다. 믿음이 있고 신실한 사람과 주변에 함께 지낸다는 것은 무엇보다 큰 복입니다.

6) 악한 일에 몰두합니다(30절).

"눈짓을 하는 자는 패역한 일을 도모하며 입술을 닫는 자는 악한 일을 이

개역성경에는 '눈짓을 하는 자'를 '눈을 감는 자'로 번역했습니다. 이 말은 '악한 궤계를 위해 몰입하는 자'를 말합니다. 그리고 '입술을 닫는다'는 말은 '떠오른 악한 궤계를 이루기 위해 다짐하는 모습'을 말합니다.

이런 일을 선한 일에 사용하면 얼마나 좋겠습니까? 악한 사람들은 악한 일을 이루기 위해 이렇게 열정적입니다. 그러기 때문에 선한 일을 위해 살아가는 우리는 하나님께서 기뻐하시는 일에 이런 악한 사람들보다 더 열정을 가지고 살아야 할 것입니다.

5. 첨가하는 잠언(16:31-33)

1) 백발에 대한 잠언(31절)

"백발은 영화의 면류관이라 공의로운 길에서 얻으리라"

여기에 '백발은 영화의 면류관이라'는 말씀이 나옵니다. 백발은 나이가 들면 자연스럽게 생깁니다. 그런데 그것이 어떻게 영화의 면류관이라는 말입니까? 하나님 없이 악하게 그리고 의미 없이 오래 살아도 머리는 백발이 될 수 있습니다. 그런 백발이 영화의 면류관이 될 수 없습니다. 그러므로 여기서 말하는 '백발'이란, 그 사람의 옳은 행실을 따라 오는 '칭송'과 '인정함을 받는 것'을 상징적으로 표현한 것입니다.

사람은 누구나 인정을 받고 싶어 합니다. 칭송을 듣고 싶어 합니다. 그러기 위해서는 '공의로운 길'을 걸어야 합니다. '공의로운 길'이란 하나님의 말씀을 삼가 지켜사는 삶을 말합니다. 죄를 멀리하고 하나님의 말씀을 이루기 위해 최선을 다하는 삶을 말합니다. 이런 사람은 하나님께서 보실 때 나이에 상관없이 백발이 성한 사람으로 인정해 주실 것입니다.

2) 화가 치밀어 오를 때(32절)

이 말씀은 하나님의 사람들의 마음 다스림에 대한 교훈입니다. 하나님의 사람들은 하나님께는 영광이 되고, 사람들에게는 덕이 되게 살아야 합니다. 그러기 위해서 가장 필요한 것이 마음을 다스리는 일입니다.

마음을 잘 다스려서 노하기를 더디하는 사람은 '용사' 보다 낫고 '성을 빼앗는 것보다 낫다' 는 것입니다. 그래서 하나님께서는 잠언 4:23에서 "모든 지킬 만한 것 중에 더욱 네 마음을 지키라 생명의 근원이 이에서 남이니라" 고 하셨습니다.

발끈해서 화를 내고 나면 돌아서서 후회를 하면서도 우리는 화가 날 때 참지 못하는 성급함이 있습니다. 화를 내면 바른 판단을 할 수 없습니다. 의로운 마음에서 반응하는 화라도 성급한 성냄은 아무 소용이 없습니다. 그래서 어떤 사람은 말하기를, 화가 나려고 할 때 속으로 열까지 거꾸로 세어보라고 합니다. 좋은 방법입니다. 어쨌든 화가 치밀어 오를 때 그 화를 억제하지 못하고 성급하게 화를 내는 것은 어리석은 일입니다. 참고, 참고, 또 참는 인내가 필요합니다. 그러기 위해서는 내 자신이 기분대로 행동하지 않고 성령의 인도하심대로 행동할 수 있어야 합니다. 이를 위해서 기도가 더 필요하고 나를 말씀으로 다스림이 더 필요한 것입니다. 그래서 사람은 평생 하나님 앞에 다듬어져야 하는 미완성의 존재인가 봅니다.

3) 결정하기 난해한 일들을 만날 때(33절)

제비를 뽑는 일은 무엇인가를 결정하는 데 있어서 공정성을 기하기 위해서 하는 방법입니다. 다른 방법으로 어떤 결정을 할 때에는, 그 일을 주관하는 사람의 의도가 반영되어 결정될 가능성이 많지만, 제비를 뽑아 어떤 일을 결정할 때에는, 특정한 사람의 의도가 개입되지 않게 되기 때문에 그 결정에 관계되는 사람들에게 가장 공정한 방법이 될 수 있습니다. 그럴 때 그 결과는 하나님께서 결정하신다는 것입니다.

그러기 때문에 여러 사람이 관계된 일을 한 가지로 결정하기가 어려운 일을 만날 때에는, 서로 다른 의견만 개진하지 말고 제비를 뽑아 결정하는 것이 좋습니다. 진리의 문제까지 이런 식으로 결정을 하려고 해서는 안 되지만, 어떤 일을 놓고 이럴 수도 있고 저럴 수도 있는 경우에 그렇게 하라는 것입니다. 그렇게 해서 결정을 하는 것이 서로 다른 의견을 주장하다가 다투는 것보다 낫기 때문입니다.

그러나 우리가 주의해야 할 것은 아무리 그렇다고 모든 일을 우연에 맡겨서는 안 됩니다. 어떤 경우에도 우리의 일은 하나님께서 주관하십니다. 그러기 때문에 우리는 무슨 일이든지 '나의 뜻' 그리고 '우리의 뜻'이 아니라 '하나님께서 기뻐하실 뜻' 대로 결정하려는 습관을 가져야 합니다.

하나님을 기쁘시게 해드리는 것이 하나님의 사람들인 우리의 삶의 목표이기 때문입니다.